シリーズ「遺跡を学ぶ」131

平安末期の広大な浄土世界

鳥羽離宮跡

鈴木久男

新泉社

平安末期の広大な浄土世界
―鳥羽離宮跡―

鈴木久男

【目次】

第1章　摂関政治から院政へ……4
1　摂関政治……4
2　院政のはじまり……6
3　末法の世……8
第2章　史料にみえる鳥羽殿の造営……13
1　白河上皇による造営……15
2　鳥羽上皇による造営……19
第3章　姿をあらわした鳥羽離宮……27
1　調査研究の幕開け……27
2　南殿御所と庭園……33

編集委員
勅使河原彰（代表）
小野　昭
小野　正敏
石川日出志
小澤　毅
佐々木憲一

装　幀　新谷雅宣
本文図版　松澤利絵

3　北殿御所と庭園……35
4　白河上皇の御陵となった三重塔……41
5　東殿御所と安楽寿院……48
6　田中殿御所と金剛心院……55
7　鳥羽離宮の華麗な浄土世界……71
8　発掘調査によってわかったこと……76

第4章　同時代の寺院や御所……83

第5章　復元された鳥羽離宮……89

参考文献……92

第1章　摂関政治から院政へ

1　摂関政治

藤原氏《ふじわら》（北家）が源高明《みなもとのたかあきら》を失脚させた安和《あんな》の変（九六九年）以後、その地位はゆるぎないものとなり、摂政・関白を独占するようになった。藤原兼家《かねいえ》の子である藤原道長《みちなが》は、甥の藤原伊周《これちか》・隆家《たかいえ》との関白の位をめぐる争いに勝利して、九九五年に天皇の補佐（内覧《ないらん》）となる。そして四人の娘を一条・三条・後一条・後朱雀《ごすざく》天皇の后とし、誕生した天皇の外戚になり、権威をふるった。

一〇一六年（長和五）、道長は三条天皇を退位させ、孫の敦成《あつひら》親王（後一条天皇）が即位して摂政となり、翌年に太政大臣となる。一〇一八年（寛仁二）には、邸内で催した宴で有名な「望月の歌」を詠み、全盛を誇ったが、その翌年には出家し、権力は長男の頼通《よりみち》へと受け継がれた。

頼通は後一条天皇・後朱雀天皇・後冷泉《ごれいぜい》天皇の三代、約五〇年にわたり摂政・関白を務めた。一〇五三年（天喜元）、頼通は道長の宇治別荘に阿弥陀堂を建立した。それがユネスコの世界文化遺産に指定された宇治平等院鳳凰堂である。

道長と頼通による摂関政治は約五〇年間にわたったが、頼通の代の後半は、弟の教通《のりみち》と関白職の後継をめぐって対立し、その権力にはほころびがみえてきた。

このような背景のなか、一〇六八年（治暦四）に、摂関家を外戚としない後三

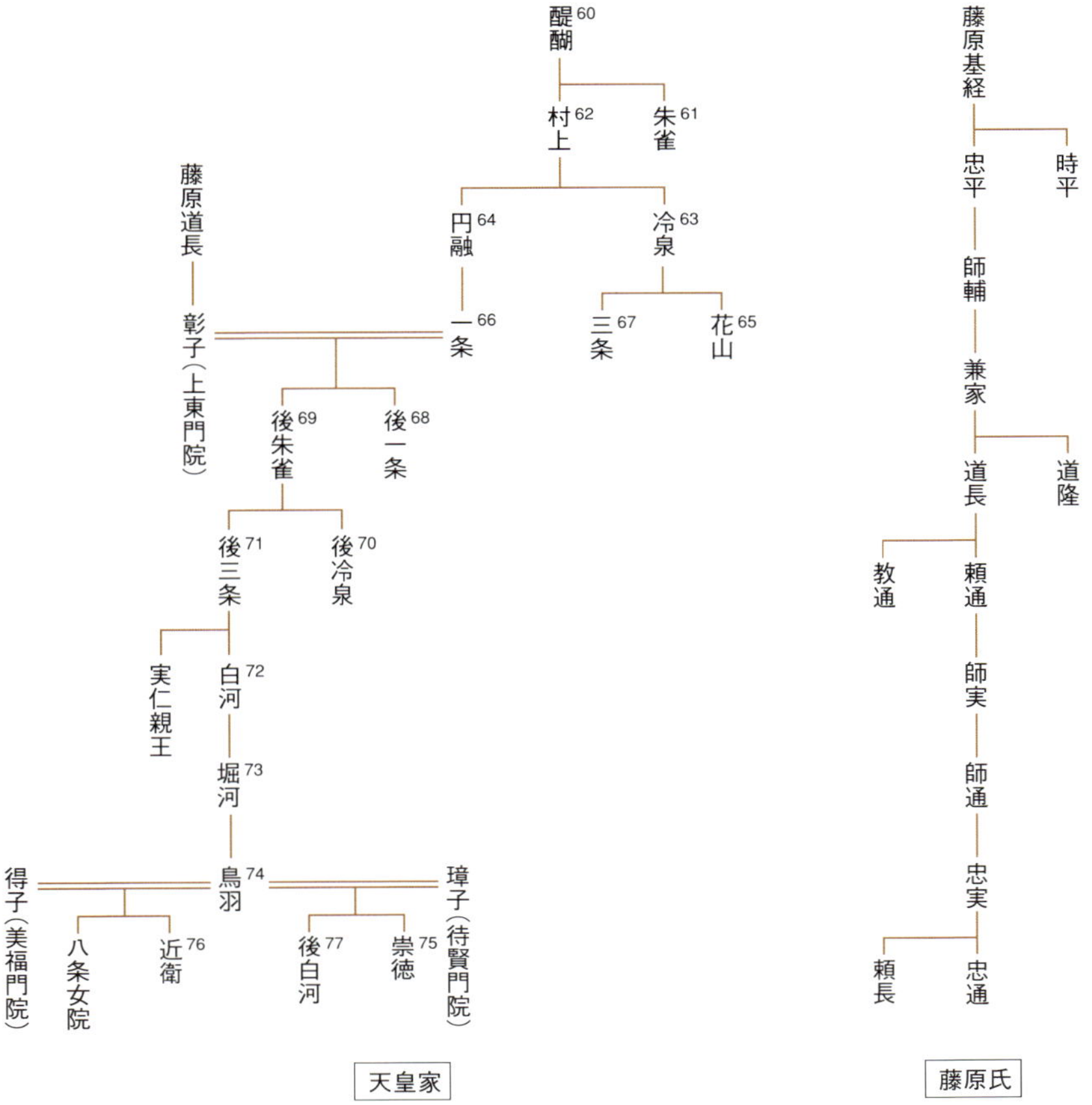

図１ • 本書にかかわる天皇家と藤原氏の系図

条天皇が即位し、新たな政策をつぎつぎに実行した。こうした状況下、摂関家は天皇家の圧力に押され、政権への影響力を徐々に失ってゆく。

後三条天皇は藤原氏を従属させて、長くつづいた藤原氏による摂関政治から天皇主導による政治をはじめたのである。

2 院政のはじまり

白河上皇

一〇七二年（延久四）、後三条天皇は在位わずか四年で退位し、貞仁《さだひと》親王（白河天皇）に譲位した。白河天皇が即位したのは二〇歳であった。白河天皇は、父の後三条天皇と同じように藤原氏と鋭く対立することなく、徐々に藤原氏の勢力をおさえながら、主導権を確実なものとした。

一〇八五年（応徳二）、つぎの天皇とみなされていた白河天皇の皇太弟、実仁《さねひと》親王が一五歳で死去した。そこで一〇八六年（応徳三）一一月、白河天皇は実子であるわずか八歳の善仁《たるひと》親王（堀河天皇）に譲位し、自らは上皇として政務を執った。ここに白河上皇による院政が開始されたのである。

白河上皇から鳥羽上皇へ

一一〇七年（嘉承二）、堀河天皇は二九歳の若さで死去した。そのため白河上皇は孫の宗仁《むねひと》親王（鳥羽天皇）五歳を即位させ、藤原忠実《ただざね》を摂政とした。

鳥羽天皇が、長じて二人の中宮を寵愛したことはよく知られている。一人は幼少から白河天皇の寵愛を受けた待賢門院璋子《たいけんもんいんたまこ》、もう一人は美福《びふく》門院得子《なりこ》である。待賢門院は鳥羽天皇との間に崇徳《すとく》天皇・後白河天皇を、一方、美福門院は近衛《このえ》天皇・八条院内親王（暲子《あきこ》内親王）をもうけた。

一一二三年（保安四）、白河上皇は鳥羽天皇を譲位させ、五歳の顕仁《あきひと》親王を天皇とした（崇徳天皇）。そして一一二九年（大治四）、鳥羽天皇は白河上皇が三条西殿で死去するや上皇となり、院政（一一二九～五六年）を開始した。一一四一年（永治元）、鳥羽上皇は二三歳の崇徳天皇を譲位させ、わずか三歳の体仁《なりひと》親王を天皇にした（近衛天皇）。近衛天皇は病弱であったようで、わずか一七歳の若さで死去した。皇位継承をめぐるいろいろな思惑のなか、待賢門院の皇子、崇徳上皇の弟である雅仁《まさひと》親王が天皇となった。後白河天皇である。このころから天皇家や摂関家周辺部で、内部不和や争いが表面化した。

一一五六年（保元元）、鳥羽上皇が死去すると、後白河天皇と崇徳上皇、藤原忠通《ただみち》と弟頼長《よりなが》らの対立は最高潮に達した。そして後白河天皇・関白藤原忠通らは平清盛《たいらのきよもり》・源義朝《よしとも》らの武士と合力し、崇徳上皇・藤原頼長の陣営は平忠正《ただまさ》・源為義《ためよし》・為朝《ためとも》の武士と結んで衝突した。保元《ほうげん》の乱である。その結果、後白河天皇・忠通らが勝利し、崇徳上皇は讃岐へ配流された。

鳥羽離宮が造営された院政期のころは、あまり穏やかな時代ではなかったといえよう。

3　末法の世

平安時代の後半、一〇五二年（永承七）から釈迦の正しい教えが衰えて世の中が乱れ、天変地異が起こる「末法の世」になると考えられていた。こうした末法思想は、まず有力貴族の間にひろがりはじめた。加えて、このころの京内で殺伐《さつばつ》とした事件が発生したこともあり、多くの人びとは現世から逃れ、極楽浄土へ往生することを強く願うようになり、天皇や貴族たちは競って寺を建立したのである。

道長の法成寺

摂関政治を思いのままにした藤原道長であったが、浄土教の教えを信じ、阿弥陀仏の救いをもとめるための寺院を発願した。その場所を自邸土御門殿《つちみかどどの》のすぐ東側の平安京外に求め、一〇一九年（寛仁三）、丈六の阿弥陀如来九体を安置する阿弥陀堂から造営を開始した。そして、翌一〇二〇年（寛仁四）には完成の開眼法要をおこない、無量寿院《むりょうじゅいん》と名づけた。寺院の中心建物である金堂より先に阿弥陀堂の完成を急がせたことからも、道長の阿弥陀浄土への強い思いを知ることができる。

一〇二二年（治安二）には金堂・講堂・五大堂・経蔵などが完成し、供養がおこなわれた。

そして仏堂のほかに、極楽世界を演出するために園池・中島・築山などの庭園もしつらえた。法成寺《ほうじょうじ》である。一〇二五年（万寿二）、道長は臨終にあたって阿弥陀堂に移り、阿弥陀如来の手からのびた五色の糸をとりながら往生したとされている。

白河天皇の法勝寺

一〇七五年（承保二）、白河天皇は白河の地に法勝寺《ほっしょうじ》の造営を開始した。その地は、藤原氏累代の別業《べつぎょう》（別荘）が代々営まれたところである。藤原基経《もとつね》・忠平《ただひら》・道長・頼通へと伝領されてきた白河殿《しらかわどの》を、師実《もろざね》が献上したのである。その背景には、藤原氏内部の複雑な事情があった。すなわち、師実の父頼通と教通との権力抗争と、頼通と教通が相ついで他界したことによる藤原氏の弱体化であった。師実の寄進は、天皇家と

図２● 法勝寺の復元模型
法勝寺には金堂・講堂・九体阿弥陀堂・九重塔・五大堂・鐘楼・経蔵・僧房などが建立された。それは法成寺にまさる大寺院であった。

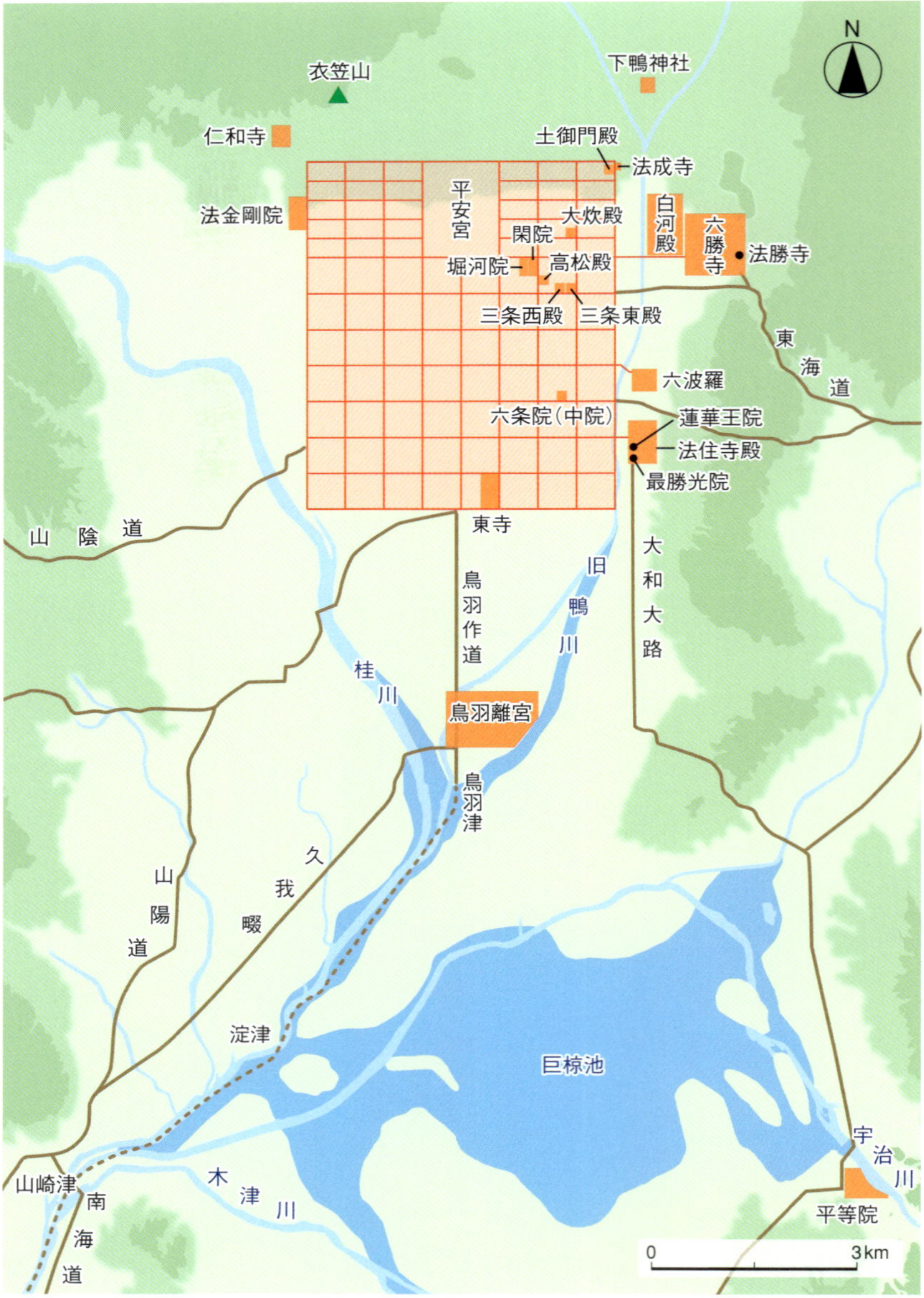

図3 ● 本書関連の遺跡と寺院
白河・鳥羽・後白河上皇は平安京外に、破格な規模の仙洞御所や寺院を造営した。院政期の都は、御所や寺院の造立・造仏でにぎわっていたであろう。

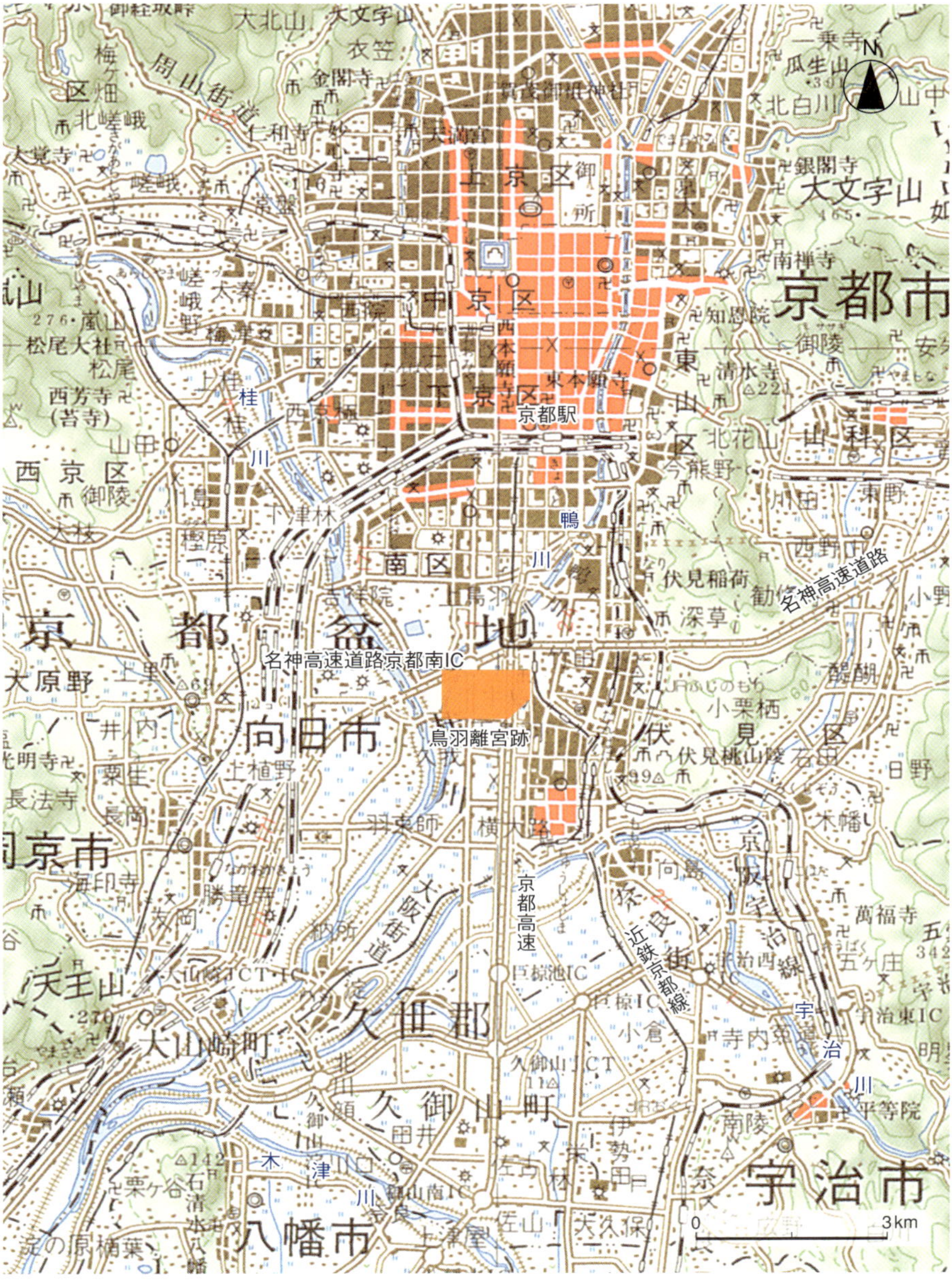

図４● 京都市南郊の鳥羽離宮跡
鳥羽離宮跡は京都市の南、伏見区竹田・中島地区に位置する市内屈指の大規模遺跡である。

摂関家との関係回復や保身を願ってのことであったと考えられる。
一〇七七年（承暦元）、白河天皇は金堂・講堂・九体阿弥陀堂・九重塔・五大堂・法華堂・鐘楼・経蔵・僧房・大門を完成させ、供養をおこなった。

ところで、当地における造営は法勝寺にとどまらなかった。白河上皇の院政期には、一一〇二年（康和四）に堀河天皇が尊勝寺《そんしょうじ》、一一一八年（元永元）に鳥羽天皇が最勝寺《さいしょうじ》、一一二八年（大治三）に待賢門院が円勝寺《えんしょうじ》、つづく鳥羽上皇の院政期には一一三九年（保延五）に崇徳天皇が成勝寺《じょうしょうじ》、一一四九年（久安五）に近衛天皇が延勝寺《えんしょうじ》を建立した。このほか、上皇が執政する殿舎として、白河南殿や北殿も造営された。

鳥羽殿の造営へ

一〇八六年（応徳三）の春ころから、白河天皇は平安京から南へわずか三キロほど離れた景勝地に譲位後の仙洞《せんとう》御所（後院《ごいん》）の造営を開始した。それが鳥羽殿《とばどの》である。
鳥羽殿に関する史料は断片的、一面的ではあるが、数多く残っている。

なお、史料には「鳥羽殿」「鳥羽」とみえるが、京都市から刊行された『京都市遺跡地図台帳』には、「鳥羽離宮跡」として登録されている。本書ではそれに従い、遺跡の解説では「鳥羽離宮」「鳥羽離宮跡」と呼称する。

第2章　史料にみえる鳥羽殿の造営

一〇八六年（応徳三）から白河天皇によりはじめられた鳥羽離宮の造営は、鳥羽上皇も熱心に進めた。離宮造営はなんと七〇年以上にもおよび、平安京の南に、わが国最大の離宮（後院）が誕生した（図5）。

離宮と平安京は、朱雀大路末から南進する鳥羽作道《とばつくりみち》によって結ばれていた（図3参照）。この道路は西国の国々と都とをつなぐ重要な幹線道路であり、離宮の東側には鴨川が、西側には桂川が流れていた。二つの大河は離宮の南方で合流し、難波津へ、さらに瀬戸内海へと航路を結んでいた。白河・鳥羽両上皇が着目した離宮造営の地は、風情ある景勝地であるばかりでなく、陸路・水路が交差する経済・軍事に強くかかわる重要な場所であった。加えて白河の地と同様、上皇の権勢を六十余州に知らしめる好都合な地でもあった。

平安時代に編まれた歴史書の『扶桑略記《ふそうりゃくき》』には、造営のありさまをうまく描いた文章がある。造営当初の体制・状況や離宮内の様子などを、その記述から確認してみよう。

離宮の広さは「百余町」とあり、現在の単位に換算すると一〇〇ヘクタール以上になる。離宮の外周には境界区画を明示するための濠や溝、塀などの施設は設けられていなかったようで、正確な敷地規模は今のところ明らかになっていない。ただし、一〇〇ヘクタール以上であったことは確実である。田畑が広がる広大な景勝地を区画し、新調の殿舎がつぎつぎに建立されるさまは、遷都のようにみえたと記されている。

離宮造営の土地は、備前守藤原季《すえ》綱《つな》が山荘としていた所領を上皇に献上し、御所などの建物は讃岐守高階《たかしな》泰仲《やすなか》が経済的な負担をして建立し、それを白河天皇に進上した（造進）。その見返りに、季綱は備前国の受領《ずりょう》

図5 ● 鳥羽離宮の復元模型
再現されたのは、隆盛を極めた12世紀中ごろの様子である。とくに目を奪われるのは、離宮の中央の大きな園池に鴨川が流入し、両者が一体化していることである。

（国司）、泰仲は讃岐国の受領（国司）として朝廷から任命された。このように、造営にかかる巨額の費用は、それぞれの国司が負担する受領成功《じょうごう》によっておこなわれたのである。建物の周囲には庭園がつくられたが、作庭にかかわる池掘りや築山などの労働は、諸国に分担させている。

離宮造営地の立地・環境についてもみてみよう。まず注目されるのが「南北約八八〇メートル、東西六六〇メートル、深さ二・四メートル」におよぶ池である。その池は、帆を張った船が往来できるほど広大で、しかも島や景石などをしつらえた手の込んだ意匠であったと『扶桑略記』は記述する。造営着手からあまり時間が経過していないころの状況描写であるにもかかわらず、池は帆をかけた船が往来できる規模（南北約八八〇メートル、東西六六〇メートル）と記されている。いささか誇張された表現になってはいるが、発掘調査の所見では全面否定するまでに至っていない。離宮造営地には、鴨川や桂川が形成した自然の大きな池があり、その一部を巧みに掘削しながら、風流の美しさを発揮した園池としていたのである。

1　白河上皇による造営

つぎつぎに造営される御所

最初に造営されたのは、のちに南殿《みなみどの》とよばれた御所である。その場所は離宮の西南部で、敷地の西側は鳥羽作道に接していた。造営の当初、白河天皇は善仁親王（堀河天皇）に譲位する直前であった。一応完成した離宮御所へはじめて渡御《とぎょ》したのは一〇八七年（寛治元）二月で、上皇として院政を開始した直後であった。

そして白河上皇は、離宮内につぎつぎと御所の造営を進めた。一〇八八年（寛治二）、上皇は完成したばかりの南殿御所の北方に北殿《きたどの》御所を新造し、その年の三月に渡御する。北殿御所の西辺は南殿御所と同様、鳥羽作道に面していた。つづく一〇九〇年（寛治四）には、南殿御所の北東、北殿御所の南東に馬場殿《ばばどの》がつくられ、競馬《くらべうま》が催された。

さらに一〇九二年（寛治六）になると、泉殿《いずみどの》と考えられる御所が、鳥羽作道から東へ約八〇〇メートルの地に造営された。その場所は離宮の東限に近い鴨川右岸で、鴨川の流れを間近でみることができた。

一〇九八年（承徳二）、北殿御所は増築された。それは天皇の外戚として権勢をふるった藤原北家に受けつがれた平安京内の邸宅で、一時期里内裏《さとだいり》として使用されたことがある閑院《かんいん》邸にあった建物を移築したものであった。移築した理由や背景などは定かでない。

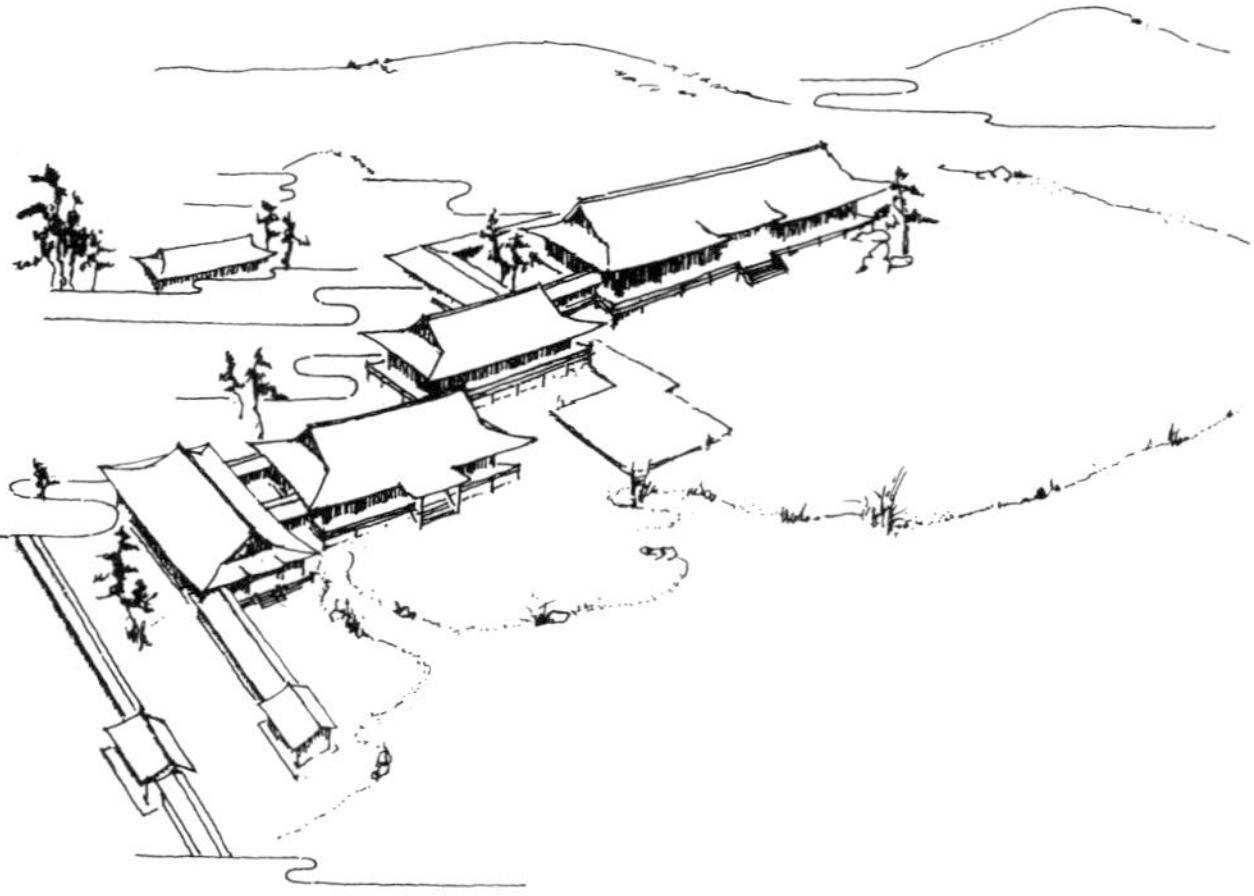

図6●南殿御所鳥瞰復元図
南西から北東へと雁行形に軒を連ねる御所の檜皮葺建物とその南側と東側には広々とした園池が描かれている。この図は、発掘を担当した杉山信三によって描かれ、寝殿造研究に一石を投じた。

寺院と仏堂

一一〇一年（康和三）三月、白河上皇は南殿御所に証金剛院《しょうこんごういん》と名づけた寺院を建立し、その開眼供養を営んだ。堂内には、仏師円勢《えんせい》の丈六阿弥陀如来像が安置され、建物の柱には絵仏師明舜《みょうしゅん》による絵が描かれた。

証金剛院の造営は、離宮造営開始から一五年ほど経過した後のことであり、これ以前の離宮内には寺院・仏堂がなかった。どうしてこの時点で、白河上皇の方針が変化したか、その真意は明らかになっていない。

この後に離宮内に建立された主な御堂としては、白河上皇が造営した塔三基（三重塔一基、多宝塔二基）、鳥羽上皇が造営した阿弥陀堂（四棟）、釈迦堂（一棟）、塔（二基）、不動堂（一棟）などがある。

寺院・御堂のなかに生前に御陵を目的とした建造物が三例あり、離宮の目的は一二世紀前半に現世の栄華から来世の浄土世界へと変化した。そうした背景には、前章に述べたような当時の世相が関連している。

東殿御所と三重塔

一一〇八年（天仁元）、白河上皇は三重塔を建立するための場所をもとめて、自ら東殿《ひがしどの》御所へ出向いている。その候補地は東殿御所の西方、以前泉殿御所があった所であった。白河上皇は立地・環境などを熟慮し、ここに三重塔を造営することを決断した。この塔は一一〇九年

（天仁二）に供養をおこなっており、後に白河上皇の遺骨が安置されて御陵となった。

ここで注意しなければならないのが、東殿御所の成立時期・泉殿御所廃絶時期とその理由である。東殿御所がいつごろ成立したかは明らかでないが、少なくとも一一〇八年には成立していたことがわかる。上皇は泉殿御所の完成からわずか十五、六年たらずで完全に廃絶させ、東殿御所を新たに営んだ。その理由は、明らかでない。

一一二九年（大治四）七月七日、白河上皇は三条西殿（平安京左京三条三坊一二町）の西対《にしのたい》で崩御した。亡骸《なきがら》は衣笠山《きぬがさやま》の東側（京都市立金閣寺小学校近く）で火葬され、遺骨はしばらくの間、香隆寺《こうりゅうじ》（京都市北区）に仮安置された。それから二年後の一一三一年（天承元）七月九日、白河上皇の遺勅により、御骨は香隆寺から、生前に造営した三重塔下方の石室に移された。そのおり、鳥羽上皇は三重塔の南側には、上皇が没した三条東殿の建物を移築し、

図7 ● 鳥羽離宮内の天皇陵（1970年ころに撮影）
3人の天皇は、生前に建立した塔の下へ葬られた。鳥羽天皇は美福門院を身近に葬ることを計画したが、それはかなえられなかった。

供養のための九体阿弥陀堂《くたいあみだどう》を造立《ぞうりゅう》して御陵の拝殿とした。この九体阿弥陀堂は、鳥羽上皇が離宮内で手がけた最初の御堂造営である。

現在、京都市竹田に所在する白河天皇陵（成菩提院《じょうぼだいいん》）の規模や形態は当初の姿ではないが、その後身である。

2　鳥羽上皇による造営

勝光明院阿弥陀堂と経蔵（宝蔵）

一一三三年（長承二）、院政を開始して四年目を迎えた鳥羽上皇は、離宮西北部に位置する北殿御所の一角をさいて阿弥陀堂の造営をはじめた。作事は順調にいかなかったようで、着手から三年の歳月を要して一一三六年（保延二）三月に、ようやく落慶供養にこぎつけている。これが勝光明院《しょうこうみょういん》阿弥陀堂である。この阿弥陀堂と本尊はともに、関白藤原頼通が建立した宇治平等院鳳凰堂と仏師定朝《じょうちょう》の丈六阿弥陀如来のそれを基本にしたものであったが、勝光明院ならではの独創性の付加もおこたらなかった。史料をもう少しくわしくみてみよう。

阿弥陀堂は平等院と同様、池西岸に東面して建立された瓦葺《かわらぶき》二階の一間四面堂であった。しかしながら、規模は平等院をしのぐ大きさであった。屋根は瓦葺とあるが、実際は中尊寺金色堂の屋根のように木製の瓦（木瓦《こがわら》）で葺《ふ》かれていた。事実、周辺部の発掘調査では、瓦が出土していない。

平等院阿弥陀堂は二階建てではないが、勝光明院の二階部分には法・利・因・語の四菩薩《しぼさつ》と伎楽《ぎがく》菩薩三二体がそれぞれ置かれたようである。ただし詳細は明らかでない。勝光明院の本尊の造仏にあたっては平等院へ出向き、顔面の主要な部分を採寸するという慎重さであった。

本堂の柱には、密教で重んじられた大日如来の慈悲をあらわす胎蔵界《たいぞうかい》の仏教世界と、智徳をあらわす金剛界《こんごうかい》世界の諸尊像が、四面の扉には極楽浄土に生まれ変わるときの極楽《ごくらく》九品往生《くほんおうじょう》や迎《げい》摂《せつ》の儀が描かれたことが、阿弥陀堂の供養願文《くようがんもん》に記されている。

この阿弥陀堂と本尊阿弥陀如来像を上皇に造進したのは、伊予守藤原忠隆《ただたか》であった。また、阿弥陀堂の周辺には

図8 ● **勝光明院阿弥陀堂の復元模型**
模型の阿弥陀堂は、池岸から少し離れた場所に位置しているが、実際は池のすぐ近くであった。

園池がつくられたが、池掘り作業は諸国や荘園に負担させた。ところが、伊勢神宮の遷宮と重なったため、思うように進まなかったようである。このほか、造営にかかわる諸々の経費や人手の調達も諸国に課せられた。

上皇は、阿弥陀堂の造営を鋭意進めるなか、一一三四年（長承三）に、勝光明院をさらに充実させるために経蔵《きょうぞう》の造営を命じた。そして同年八月、建立の地にふさわしい場所として、北殿御所の釣殿《つりどの》東方の田中《たなか》に決定した。

新造する経蔵の基本形態については、二案が提示された。一案は摂津の四天王寺の宝蔵、もう一案は宇治平等院の経蔵である。四天王寺の宝蔵は双蔵《ならびくら》形式であり、法隆寺の国宝綱封蔵《こうふうぞう》も同様の例である。他方、宇治平等院は経蔵の周囲を回廊がとり囲むようにめぐる形態で、中山忠親《ただちか》の日記『山槐記《さんかいき》』の指図にその平面形をみることができる。上皇は阿弥陀堂と同様、宇治平等院の経蔵を採択した。平等院経蔵は、貴重な一切経や藤原氏累代の宝物を納めていることで、当時から著名であった。

勝光明院の経蔵は、阿弥陀堂と同じように平等院のそれを完全に写したわけではない。勝光明院は、蔵の三方を瓦葺の築地塀《ついじべい》（垣）に、残る一方を瓦葺の回廊としたようである。建立した場所は、北殿御所の釣殿の東方、一一五四年（久寿元）に落慶供養された金剛心院《こんごうしんいん》との間であった。経蔵を造進したのは播磨守藤原家成《いえなり》である。落慶の供養がされた日は、残念ながら史料がないため明らかでない。この経蔵には、王権の象徴ともいえる空海御遺言・空海相伝如意宝珠など、真言密教関係の重宝が納められたことはよく知られている。

東殿御所と安楽寿院

東殿と安楽寿院は離宮の東側、鴨川右岸に位置する御所と寺院である。安楽寿院境内の東限と南限は、白河上皇が意のままにならなかったという鴨川であった。一〇九二年（寛治六）ころ、この地には東殿御所・安楽寿院に先行する泉殿御所が所在した。しかし先述のように、一一〇八年（天仁元）以前に白河上皇は泉殿御所を廃絶させ、東殿御所を新造した。そしてここに、後年自身の御陵となる三重塔を造立し、さらに一一一一年（天永二）と一一二年（天永三）に相ついで多宝塔を建立した。

鳥羽上皇は政権の座につくと、東殿御所の充実や安楽寿院の建立を意欲的に展開した。すなわち一一三一年（天承元）には白河上皇の御陵として成菩提院を造営し、一一三七年（保延三）には安楽寿院を供養する。一一三九年（保延五）には、のちに鳥羽上皇の墓所となる三重塔（本御塔《ほんみとう》）を建立し、一一四〇年（保延六）に炎魔天堂を供養した。つい

図9 ● 鳥羽上皇（右）**と美福門院**（左）
図10の八条女院と合わせて絹本着色三幅一対の御影で、安楽寿院に所蔵される。

で一一四七年（久安三）には、安楽寿院境内に丈六の阿弥陀如来像を安置するための檜皮葺《ひわだぶき》九体阿弥陀堂を落慶供養し、つづいて一一五四年（仁平四）に、三尺の阿弥陀如来像九体を安楽寿院において供養した。また、一一五五年（久寿二）には檜皮葺一間四面の不動堂《ふどうどう》を建立し、さらに美福門院の御陵とする塔（新御塔《しんみとう》）を建立した。

こうした一連の大規模造営の背景は、安楽寿院が末永く極楽浄土世界としてありつづけることを強く願望したためであろう。鳥羽上皇は、そのための経済的支援を怠らなかった。

田中殿御所と金剛心院

一一五二年（仁平二）六月、上皇は成菩提院の北西に御所を新造した。この御所はこの地が古くから田中とよばれていたことから「田中殿《たなかどの》」と名づけられたようである。

この田中殿御所は、上皇が離宮内に造営した最後の御所となり、建物は出雲守藤原経隆《つねたか》が造進した。この御所の詳細は明らかでないが、鳥羽上皇の臨終が間近に迫ったとき、崇徳上皇はこの田中殿御所に入り、安楽寿院御所にいた父、鳥羽上皇への見舞いを強く望んだ。しかしながら、その思いはかなわず、白河へ引き返している。間もなくして鳥羽上皇は安

図10● 八条女院
鳥羽天皇と美福門院との間に生まれ、多くの荘園を受け継いだ。

楽寿院御所で崩御し（一一五六年）、それから数日後に保元の乱が勃発したのである。

さて、上皇は田中殿御所が一段落した一一五二年（仁平二）、御所の南側で寺院造営をはじめた。そして一一五四年（久寿元）に完成し、八月に開眼供養して金剛心院と命名した。この寺院建立は鳥羽上皇最晩年のことであり、最後の造営となった。

造営の経過、寺域規模、中心伽藍に関しては史料にも散見し、ある程度までその状況を知ることができる。一一五三年（仁平三）四月に造営開始の儀式である木作始《こづくりはじめ》がおこなわれ、同年一〇月には上棟、そして翌年の一一五四年（仁平四）八月には落慶供養された。鳥羽上皇が崩御する二年前のことであった。位置については馬場殿の北側、田中殿御所の南側とある。詳細は明らかではないが、馬場殿は方除けの神社で知られる京都市伏見区の城南宮《じょうなんぐう》周辺部に位置していたと考えられている。

寺域の規模については、南北六〇丈（約一八〇メートル）、東西五〇丈（約一五〇メートル）とある。離宮内の御所や寺院のなかで、史料にその規模が記されているのはこの金剛心院だけである。中心建物は釈迦堂、九体阿弥陀堂、寝殿の三棟で、これ以外にも十数棟の建物があった。また池や築山などの庭園についても記している。

釈迦堂は三間四面（五間×四間）の瓦葺二階建物、九体阿弥陀堂は九間四面（一一間×四間）の瓦葺で二階建物であった。寝殿は三間四面で、屋根は檜皮葺と思われる。

釈迦堂と寝殿は播磨守藤原顕季《あきすえ》が、九体阿弥陀堂は備後守藤原家明《いえあき》が造進したが、釈迦堂のほうが九体阿弥陀堂より華麗であると噂されたようである。

美福門院の新御塔と近衛天皇

鳥羽上皇は先述のように、美福門院の御陵とするための塔（多宝塔か）を安楽寿院に造営した。造営は上皇の生前にはじめられたが、落慶の時期は明確でなく、上皇没後の一一五八年（保元三）ではないかとされている。

一一六〇年（永暦元）一一月二三日、美福門院は鴨東の白河にあった押小路殿《おしこうじどの》で没した。その亡骸は鳥羽離宮へと移され、翌日の二四日に安楽寿院（東殿御所）で火葬された。遺骨は、鳥羽上皇が生前に準備した新御塔へ埋葬されるはずであった。しかしながら、美福門院は鳥羽上皇の願いを聞き入れず、高野山に葬るように遺言したため、さまざまな議論の末、最終的には美福門院の遺言どおり、遺骨は高野山の不動院に埋葬された。そのため、新御塔は御陵にならないまま時が経過した。

ところが、それから三年後の一一六三年（長寛元）、鳥羽上皇と美福門院との間に誕生し、一一五五年（久寿二）に一七歳の若

図11 ● 近衛天皇陵
現在の天皇陵は、1606年（慶長11）に豊臣秀頼が再建した本瓦葺の多宝塔である。天皇の御陵のなかで、木造の塔を御陵とした景観をみることができる唯一の例である。

さで崩御した近衛天皇の火葬骨が、洛北の知足院から移されて新御塔へ納められ、近衛天皇陵となったのである（**図11**）。

離宮の荒廃と環境変化

鳥羽上皇の崩御以降、近衛天皇陵（新御塔）の整備、御堂の新調などが実施されたが、小規模なものであった。後白河上皇や後鳥羽上皇も離宮を用いたものの頻度は減少し、新たな造営は実施されなかった。

後白河上皇は現在の京都国立博物館や三十三間堂が所在する地に注目し、法住寺殿《ほうじゅうじどの》（後院）の造営につとめた（**図51参照**）。そのため、栄華を誇った鳥羽離宮ではあったが、一三世紀中ごろから急速にさびれ、荒廃が進んだ。一二三三年（天福元）には盗賊の乱入、一二四二年（仁治三）には勝光明院の焼亡、一二九六年（永仁四）には安楽寿院法華堂の焼失が記されている。

加えて船が往来し、趣向をこらした園池は徐々に埋まりはじめ、田畑へと変貌していった。とりわけ大きな変化は、鴨川の位置が東から西へ移動したことである。離宮が隆盛をきわめていたころの鴨川は離宮の東側から南側に位置していたが、いつしか現在のように離宮の西側を流れるようになった。不思議なことに、時期や理由などに関する記録はみあたらない。

第3章　姿をあらわした鳥羽離宮

1　調査研究の幕開け

鳥羽離宮跡は京都市の南、伏見区に所在する。遺跡は東西約一〇〇〇メートル、南北約一一〇〇メートル、面積は約一一〇万平方メートルに及ぶが、実際はさらに広範囲であった（図13・14）。遺跡の東側には近鉄京都線が南北に、北側は名神高速道路が東西に通っている。遺跡内には、白河天皇陵・鳥羽天皇陵・近衛天皇陵や安楽寿院・城南宮・北向山不動院などの社寺が、南殿御所跡の北方には『平家物語』にみえる「秋の山」とよばれた築山が眺望できる。

なお、今からおよそ一五〇年前に幕府軍と薩長の兵が交戦した「鳥羽伏見の戦い」（一八六八年）が、南殿御所や勝光明院阿弥陀堂があった旧跡のあたりでくり広げられた。赤池という地名は、この時の激戦で傷ついた兵士の血で池が赤くなったからだ、という逸話が伝えられている。

詳細な地形測量図

離宮跡を精力的に調査研究したのは森蘊《もりおさむ》であった。森は日本庭園史研究の第一人者であり、一九三八年（昭和一三）には、「鳥羽殿庭園考」と題する論文を『造園雑誌』に発表している。この論考で森は、史料による鳥羽離宮庭園の復元にとどまらず、離宮跡とおぼしき範囲内を幾度も踏査し、微妙な地形の変化は旧状を示していると判断した。さらに、史料に記されている殿舎の跡を推定し、その現状を写真で報告した。以後もこの研究は継続され、一九五八年七月におこなわれた遺跡測量図とその論考で結実する。

測量調査の契機は、戦後の経済発展を飛躍させるための手段として、名古屋と神戸間を高速道路で結ぶ建設計画が提示されたためであった。このころ、森は奈良国立文化財研究所に在籍し、測量調査は名神高速道路建設の敷地内にとどまらず、離宮跡と推定される東西約一二〇〇メートル・南北約一六〇〇メートルの範囲に及んだ。

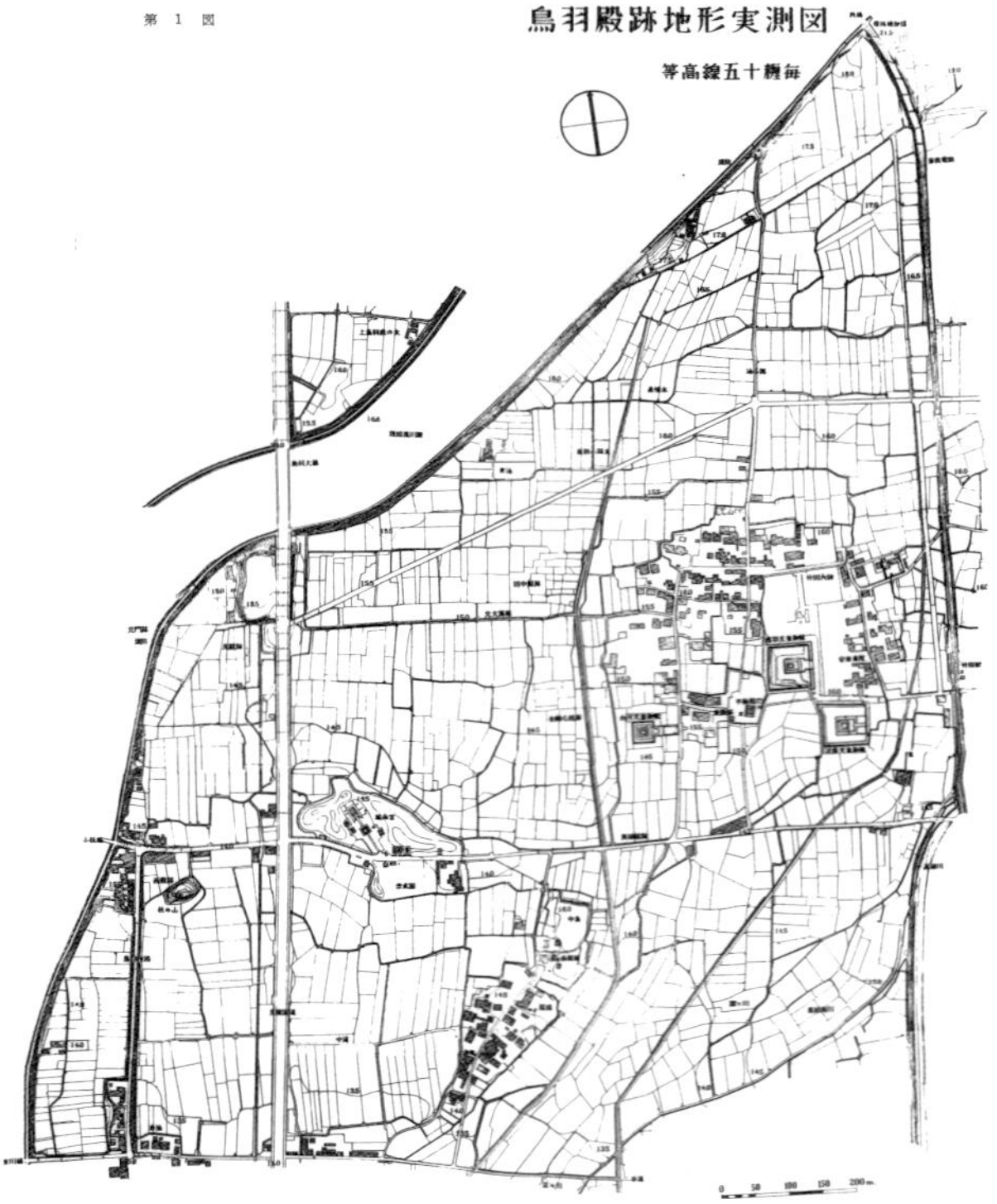

図12●森蘊による測量調査図

測量調査では、調査区内に点在する集落や家屋・田畑・水路・寺院・御陵・陵墓参考地・野ツボなど、地上物件に関する情報が五百分の一の縮尺図に克明に記され、要所では標高も計測された。このほか、字名なども注記され、製図された地形測量図には、史料にある殿舎の位置、離宮内に所在した当時の道路などが具体的に示されたのである。鳥羽離宮跡に関する最初の具体的復元図である（**図12**）。

この地形測量図によって、はじめて離宮全体の姿がおぼろげながら掌握できるようになった。また、離宮廃絶後の環境や地形変化が科学的に記録保存された意義は大きい。

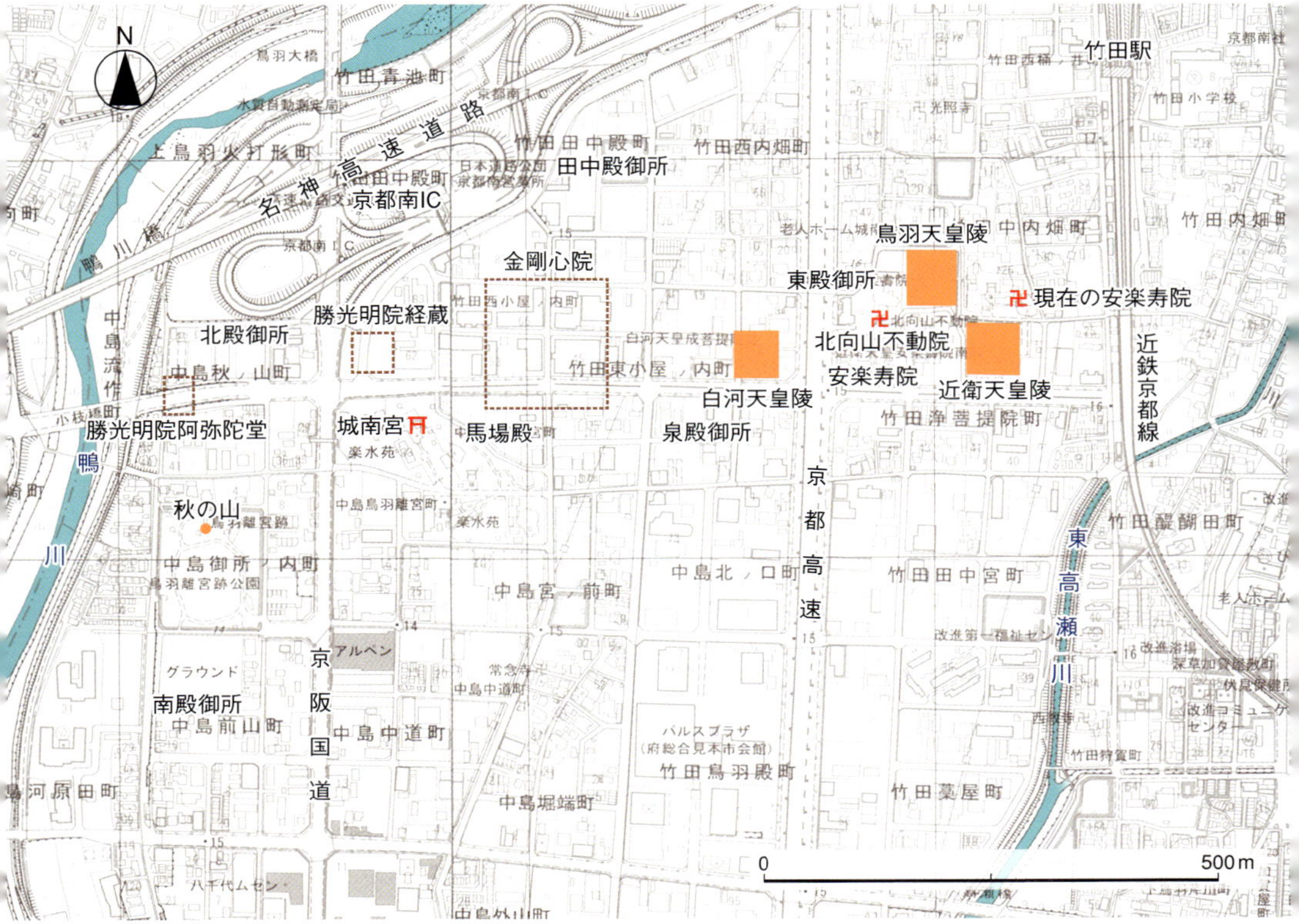

図13 ● 鳥羽離宮跡

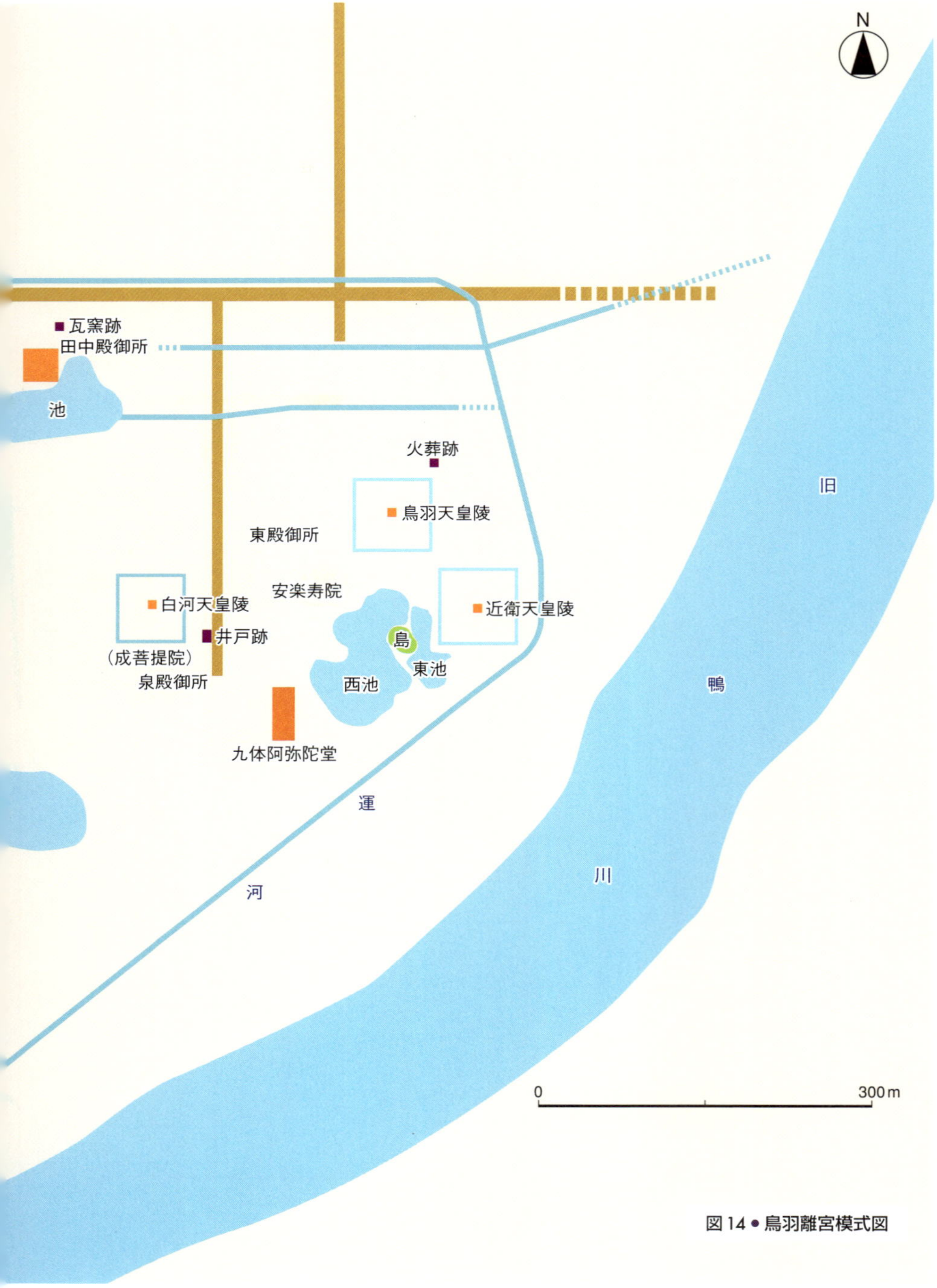
N
瓦窯跡
田中殿御所
池
火葬跡
鳥羽天皇陵
東殿御所
安楽寿院
白河天皇陵
近衛天皇陵
井戸跡
島
（成菩提院）
東池
泉殿御所
西池
九体阿弥陀堂
旧
鴨
川
運
河
0
300 m

図 14 ● 鳥羽離宮模式図

平安京へ
現在の鴨川
北楼門
北大路
（諸舎）
直廬
仏所
大路
田中殿
鳥羽作道
金剛心院
雑舎
勝光明院経蔵
北殿御所
島
勝光明院阿弥陀堂
島
城南宮
御倉町
池
馬場殿
御倉町
秋の山
直廬
南殿御所
証金剛院
桂
御倉町
川
南楼門
直廬

発掘調査がはじまる

一九六〇年七月からは杉山信三《すぎやまのぶぞ》によって、離宮跡の発掘調査がはじまった。杉山は森と同じ奈良国立文化財研究所に所属し、日本建築史を調査研究していた。

調査地点は高速道路京都南インターチェンジ建設予定地内、国道一号線と鴨川が交差する南東にあたり、そこは森が北殿跡と推定した場所であった。この第一次発掘調査では、近世鴨川の氾濫層を確認したが、離宮関係の遺構・遺物は発見できなかった。その後も、離宮国道一号線から東へのびる高速道路路線内を試掘調査したが、離宮解明の手がかりは得られなかったようである。杉山は以後も、鳥羽離宮跡の発掘調査を約半世紀にわたり指導した。

離宮の遺構がはじめて発見されたのは、一九六〇年に竹田田中殿《たけだたなかでん》町《ちょう》で実施した第三次調査である。発見された遺構は、田中殿御所を建立するための建物地業と地鎮具であった（**図15**）。この第三次調査以降、各地の調査で遺構・遺物が相ついで明らかになる。

以下、約半世紀にわたり実施された発掘調査によって解明された御所や寺院の遺構について、各殿舎ごとに概観していこう。

図15 ● 田中殿御所の地鎮具
田中殿御所の地業内から発見された地鎮具で、壺内からはガラス玉が39個以上、周辺部からは土師器皿が18点出土している。

2　南殿御所と庭園

南殿御所

南殿御所は、離宮推定地の南西に位置する御所である。南殿御所は第2章で述べたように、白河天皇（上皇）によって離宮内に造営された最初の御所であり、史料によれば敷地西側は朱雀大路から南進する鳥羽作道に面しており、御所への出入は作道に開かれた西門が用いられたとある。

南殿御所跡の遺構は、離宮の西方にある「秋の山」とよばれる築山の南側で明らかになった礎石《そせき》建物と庭園である。南殿の発掘は、当初から保存を視野に入れての調査であったため、面的に実施されていない。建物や庭園遺構の詳細について明らかでない部分が多いのは、そうした理由による。

建物は、南西から北東へと雁行形《がんこうけい》に連なる礎石建物三棟とそれをつなぐ廊《ろう》である。南西の礎石建物は桁行《けたゆき》八間・梁行《はりゆき》五間の建物に復元されている。その北東の建

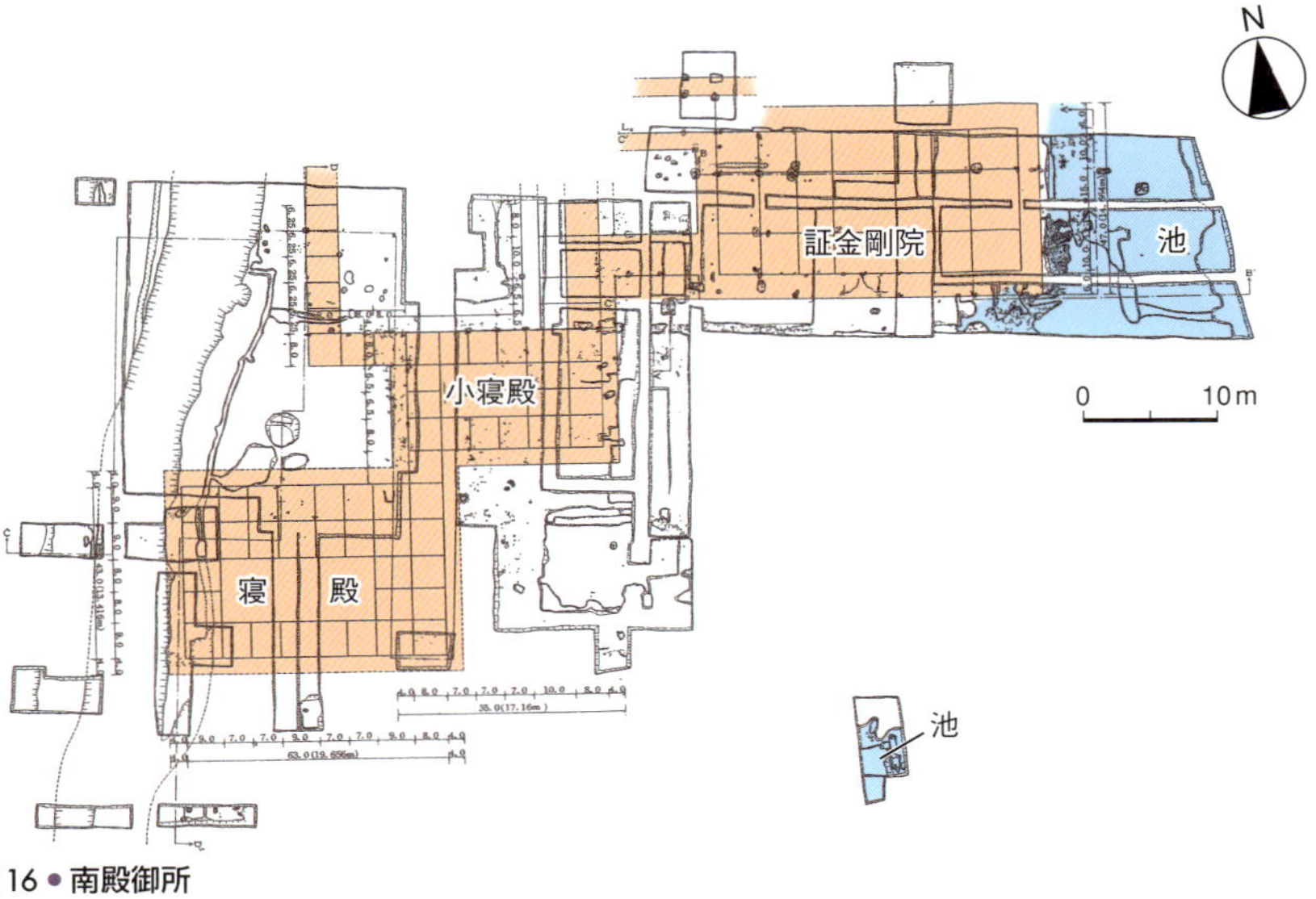

図16 ● 南殿御所

物は桁行六間・梁行四間とされ、さらにその北東で検出された建物は桁行七間・梁行三間で、南・東・北に縁《えん》がめぐるとされた。これらの建物礎石はいずれも小型であり、石材も不揃いである。南西の建物は寝殿《しんでん》、その北東の建物は小寝殿《こしんでん》、そして北東にある建物は御堂と推定された。御堂とは、離宮にもっとも早く建立された御堂の証金剛院《しょうこんごういん》のことである。証金剛院は、建物周辺部からほとんど瓦が出土していないことから、屋根は檜皮葺《ひわだぶき》であったとされた。

南殿御所で検出された建物三棟はすべて礎石建物であり、掘立柱建物は一棟もない。御所の中心的空間を構成する建物は、礎石建物であったことを示すものとして注目したい。

南殿御所の庭園

南殿御所の庭園は、建物三棟の東と南で検出した園池の北岸や西岸と、景石《けいせき》を要所に据え付けた小川状の遣水《やりみず》が、一部ではあるが明らかになっている。調査した範囲での池は、雁行形に連なる建物に隣接しながら、証金剛院の南東で大きく西へ屈曲する。小寝殿の南東では、池の西岸とそれより約五〇メートル南東で東岸を検出している。

南殿御所の遺構のなかで注目されるのが、証金剛院と推定された礎石建物と遣水である。遣水は、建物の北辺を西から東へ流れ、東妻《つま》(東側面)に沿って南へ折れ曲がり、妻の南東でさらに東へ曲がり、池に注ぎ込む。この遣水は、複雑に流れを変化させるばかりでなく、流れの底には拳大の玉石を丁寧に敷き詰めており、重要視されていたことがわかる。

遣水の幅は、上流では幅一・五メートルほどであるが、南東部の下流では幅三メートルと広くなる。遺水の周辺部に据えられた景石、さらに東妻側が水深一〇センチ前後となって水につかることから、建物東側は遺水・池が一体になった建物と理解したい。史料にある「御堂釣《みどうつり》殿《どの》」とは、このような遺構のことであろう。

3　北殿御所と庭園

北殿御所

南殿御所の北方、秋の山から名神高速道路京都南インターチェンジ周辺部で判明した遺構群を、北殿御所あるいは鳥羽上皇によって造営された勝光明院の遺構と考えている。

北殿御所の規模は、史料と発掘調査成果から、西は鳥羽作道、東は金剛心院西側の南北道路、南側は秋の山北麓、北については明らかでないが、作道から田中殿へつづく東西方向の大路までの可能性が高い。

史料によれば、当初、北殿御所は南殿御所から北に五〇〇メートル以上つづく池の北岸に造営されたが、後に平安京にあった閑院《かんいん》の建物を移築して充実が図ら

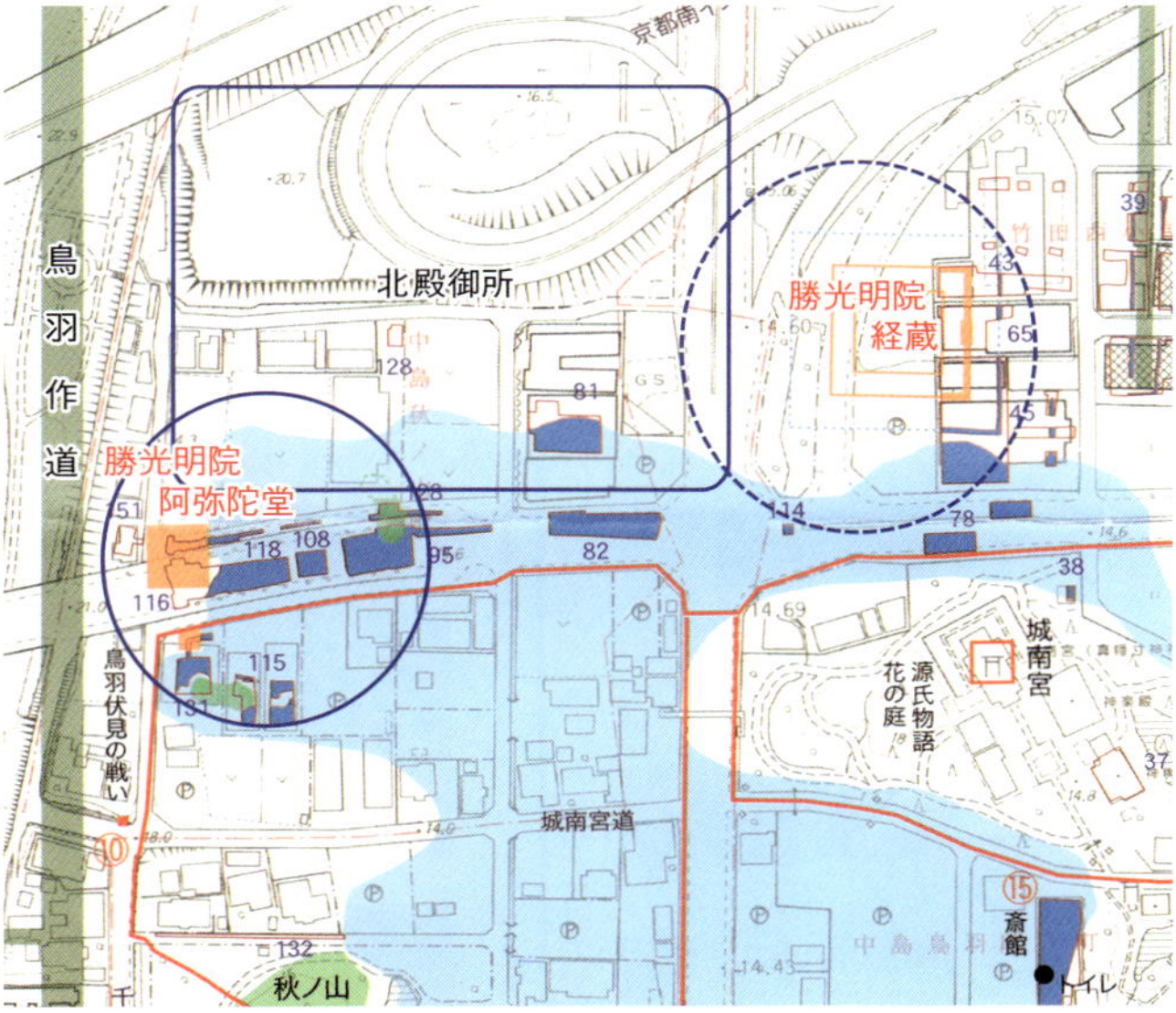

図17 ● 北殿御所（数字は発掘調査次数）

れた（一六ページ参照）。今日までの調査では、御所にかかわる確実な建物遺構は発見されていないものの、建築遺構の一部と推定される自然石を並べた雨落ち溝と思われる石列が明らかになっている。また、御所内につくられた庭園遺構を数箇所で調査しており、史料にあらわれる御所の位置をある程度しぼり込むことが可能である。

庭園は南殿御所と同じ池の北岸、すなわち北殿御所の南側から東側にかけて作庭された。庭園の景観や意匠は南殿と同様で、池の要所要所には景石を据え付け、築山や島などをしつらえて、風流な自然風景を修景《しゅうけい》したものと想像する。北殿御所から周囲を眺望すると、三方に池が広がり、南西方向に「秋の山」をみることができた。南殿御所から北殿御所、そして泉殿御所へと広がる池は、離宮造営以前からの自然の池であった。南殿御所や北殿御所の池は、その池の一部を掘削あるいは加工して園池に改変したのである。

勝光明院阿弥陀堂

鳥羽上皇は、一一三三年（長承二）ころから約三年の歳月を費やして、北殿御所の一角に勝光明院阿弥陀堂と経蔵をあいついで創建した。第2章で述べたように、阿弥陀堂は平等院鳳凰堂を、経蔵は平等院経蔵（宝蔵）をモデルとした。

阿弥陀堂は、北殿御所の西南に位置したことが確認されている。阿弥陀堂は、平等院鳳凰堂にみるように、ゆるやかな勾配の池西岸から二・三メートルほど離れた汀近くに位置した基壇建物である（図18）。

調査で確認した基壇は、東南角および南辺（一五メートル）と東辺（二〇メートル）である。基壇の高さは後世の削平により明らかでないが、調査では〇・六メートルほど確認している。基壇外周で凝灰岩の抜き取り痕跡を検出しており、基壇は凝灰岩切石で化粧されていたことがわかるが、詳細は不明である。

基壇は、掘込地業《ほりこみじぎょう》と版築《はんちく》によって堅固に構築されている。池のすぐ横の湧水地であるにもかかわらず、基壇の基底部を掘り下げて掘込地業を実施している。地上部分の版築は、粘質土と拳大の礫とを交互に突き固める方法のほか、礫と薄い粘質土とを交互に突き固める方法がある。この基壇構築工法は、離宮造営の先駆的なものとして位置づけられる。また、のちに安楽寿院境内の南西で実施された、東西・南北方向に数百メートルになる造成にも大きな影響をおよぼした。

建物規模については、礎石を確認していないため不明である。ただし、基壇から北西の池内で東西方向に並んだ礎石を検出している。

一般的に仏堂の発掘調査では、建物周辺部から屋根に葺いていた瓦が出土する。しかしながら、勝光明院

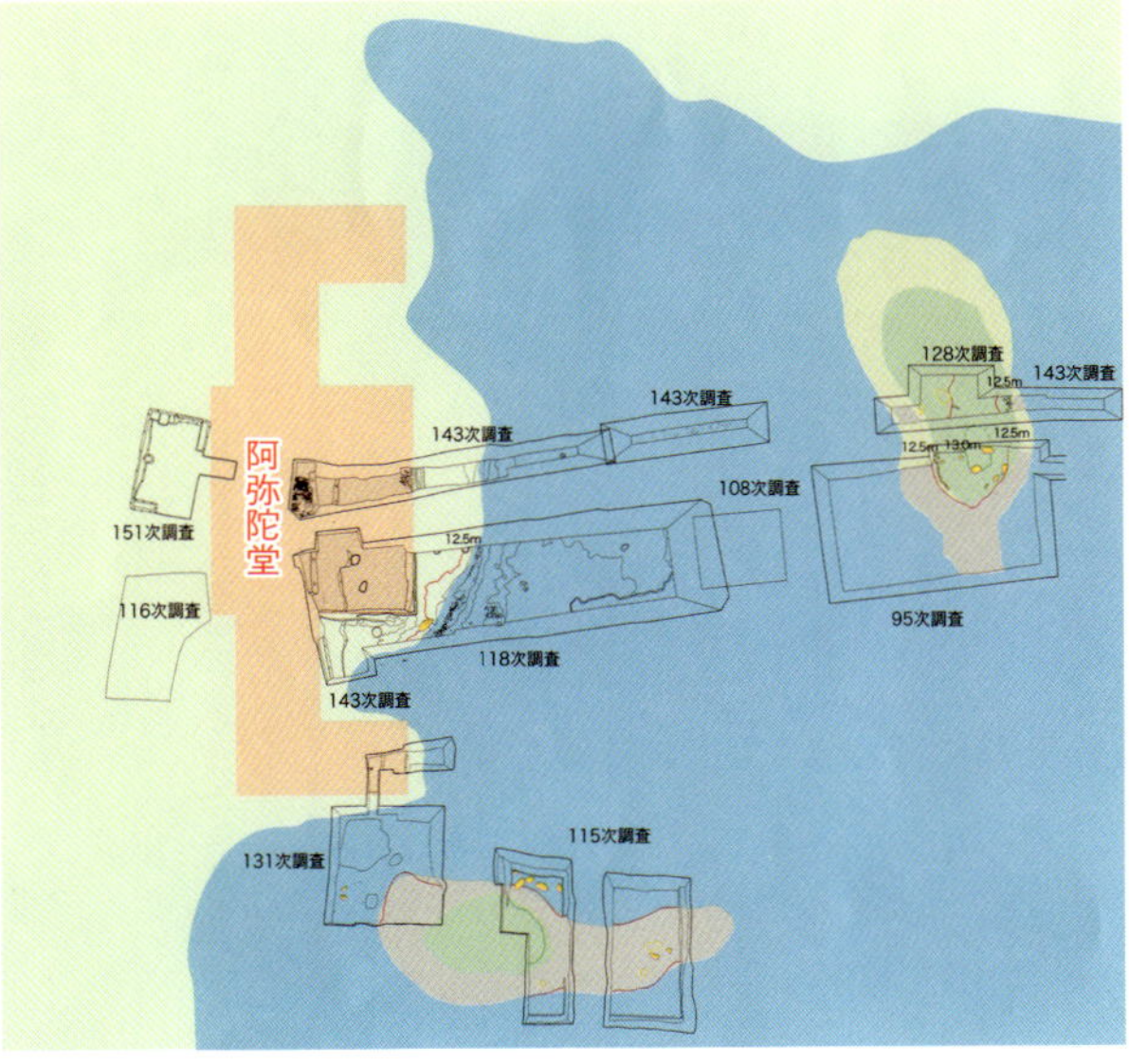

図18●勝光明院阿弥陀堂（数字は発掘調査次数）

阿弥陀堂跡からは、瓦がほとんど出土しない。造営の詳細を記録する源《みなもとの》師時《もろとき》の日記『長秋記《ちょうしゅうき》』に、木瓦を用いてはどうかとの提言が記述されており、調査状況は、阿弥陀堂の屋根が木瓦葺であったことを裏づけている。加えて、阿弥陀堂のモデルとした平等院鳳凰堂の屋根は、一二世紀初頭ころまで木瓦であったが、その後、本瓦葺に替えていることもこれを支持している。

堂内荘厳の華麗さは、史料からうかがい知ることができるが、出土遺物はそれに勝る情報を与えてくれる。**図19**は阿弥陀堂の前池から出土した孔雀文金具で、須弥壇格狭間《しゅみだんこうざま》の飾金具である。もう一点は長さ五・九センチ、幅四・六センチの鍍金された大型の鈴である。天蓋などの一部に用いられたと考えられる。双方とも、デザイン、細工ともに優れた作品で、離宮内の工房で製作したものではないかと推定している。

図19●孔雀文金具

勝光明院経蔵（宝蔵）

第2章で述べたように、経蔵は北殿御所の釣殿の東方、一一五四年に供養された金剛心院の西方に位置した（二一ページ参照）。先述したように、阿弥陀堂は北殿御所の西南に位置したのに対して、経蔵は御所を中心にすると反対の東側である。すなわち勝光明院の阿弥陀堂と経蔵は、同じ寺域内に建立したのではなく、まったく別の場所に造営したのである。

経蔵は、宝物を納める建造物（蔵）とそれをとり囲む塀からなり、これらは東西五〇メートル、南北四三メートル四方で、高さ〇・六メートルの基壇上に建立された（図20）。

基壇外周は、石質の異なる自然石で縁どるように化粧されていた。基壇の北・東・南の三辺には瓦葺の築地塀をめぐらせ、築地塀の内側は河原石を二列並べて塀の雨落ち溝としていた。発掘調査で、その上面からは、播磨国や讃岐国で生産された多量の瓦が出土している。史料にも経蔵の三面は瓦葺とあり、記載どおりであることが確認された。

西辺については史料に廻廊とあり、未確認ながら、史料にあるとおり回廊と推定している。屋根は築地と同様、瓦葺であったと思われる。

基壇東辺の中央部では、東門とみられる桁行三間（約八・三メートル）・梁行二間（約二・七メートル）の礎石建物を検出している（図21右）。しかし

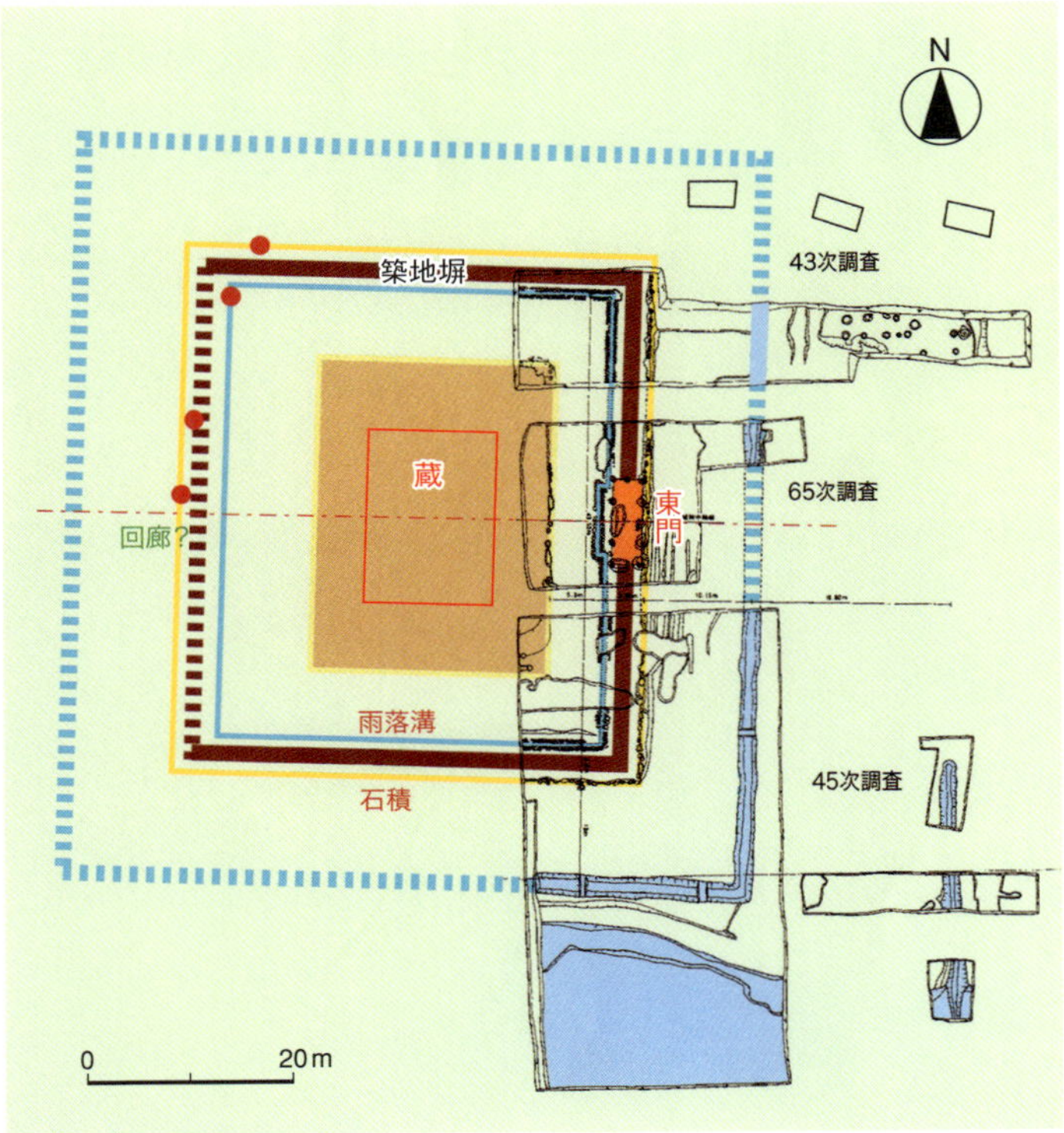

図20 ● 勝光明院経蔵復元図

ながら、昇降用の階段施設は検出されなかった。そのため、東門が経蔵の正門であったとは考えづらい。正門は回廊側の西辺に位置し、東門は必要に応じて使用されたものと考えている。

経蔵で、もっとも重要な宝物を納めるための建物（蔵）は、未調査のため明らかでないが、蔵の外周に据え付けていた石列の抜き取り痕跡を検出している。宝物を納めるための蔵は、周囲よりさらに一段高くした基壇上に建立されていた。史料によれば、蔵は東大寺正倉院のような校倉造《あぜくらづくり》ではなく、四面には扉が付いていたようであるが、詳細は明らかでない。

基壇縁から外側へ一〇メートルほど離れた位置に、幅一・五メートル、深さ一・五メートルの素掘りの濠がめぐっていた。西側は明らかでないが、おそらく同様に濠が設けられていたと考えられる。

先述した東西五〇メートル、南北四三メートル、高さ〇・六メートルの基壇は、阿弥陀堂と同様に掘込地業と版築によって構築されたものである。阿弥陀堂基壇と共通するこうした基壇構築工法は、随所で観察されるが、もっとも特徴的なのは拳大の玉石を小口積しながら、地下に突堤状の構造物を基壇中央部に構築することである（**図21左**）。この工法は、その後さらに発達する。

図21 ● 経蔵の地業（左）**と経蔵東門**（右）

かわった。

4　白河上皇の御陵となった三重塔

泉殿御所から東殿御所へ

泉殿御所は白河上皇によって鴨川の右岸、離宮の東方に営まれた。理由は明らかでないが、一一世紀後半から一二世紀初頭にかけて、泉殿御所は発展的に解体され、東殿御所へと生まれかわった。

泉殿御所の遺構は、現北向山不動院境内周辺部だけで確認しているが、その範囲は限定される。主要な遺構としては、建物・池・井戸・土壙、それに整地層などがある。泉殿御所の池は、そのほとんどが鳥羽上皇の安楽寿院境内の池によって削平されたようである。それでも安楽寿院の池西岸下層には部分的ではあるが、池の堆積土や汀線が観察される場所がある。

泉殿といわれた御所の名前から想像されるように、池の水は豊富な湧水によって確保されており、御所は池の西岸近くに営まれたと考えられる。泉殿御所の建物や関連遺構は廃絶されるときに解体されたようで、ほとんど残っていなかった。ただ、井戸などのように深い遺構や整地層だけは痕跡をとどめていた（**図22**）。東殿御所については、次節の「東殿御所と安楽寿院」（四八ページ）で述べよう。

図22 ● 泉殿御所跡の井戸の断ち割り状況

御陵としてつくられた三重塔

白河上皇は離宮内に塔を三基造営しているが、所在地が明確なのは泉殿御所跡に一一〇九年に供養した三重塔である。この塔は白河上皇の遺勅により、一一三一年に遺骨が納められて御陵となった。

白河天皇陵（成菩提院陵）は現在宮内庁の管理であり、その実態は明らかではないが、白河天皇陵周辺部の発掘調査からその姿が浮かび上がってきた（**図23**）。

次に、三重塔や白河上皇の菩提をとむらうために鳥羽上皇が整備・建立した成菩提院について述べる。

三重塔は東殿御所の西南に位置する。離宮内には、白河天皇陵・鳥羽天皇陵（安楽寿院陵）・近衛天皇陵（安楽寿院南陵）がある。そのなかで白河天皇陵は極端に小規模であり、その理由に関心を寄せる人もいたが、明らかにはならなかった。ところが、御陵の隣接地の調査で、幅約六メートルの大溝が確認されはじめた。調査件数が増加するにつれて、この大溝は塔の周囲をめぐる濠であること、濠に囲まれた範囲が鳥羽天皇陵や近衛天皇陵とほぼ同じ面積であることも判明した。

濠は白河上皇の遺骨を塔に納めるにあたり、御陵としてふさわしい整備をした際に掘られたものである。すなわち、塔の周囲に一辺六〇メートル、幅六メートル、深さ一・五メートルの

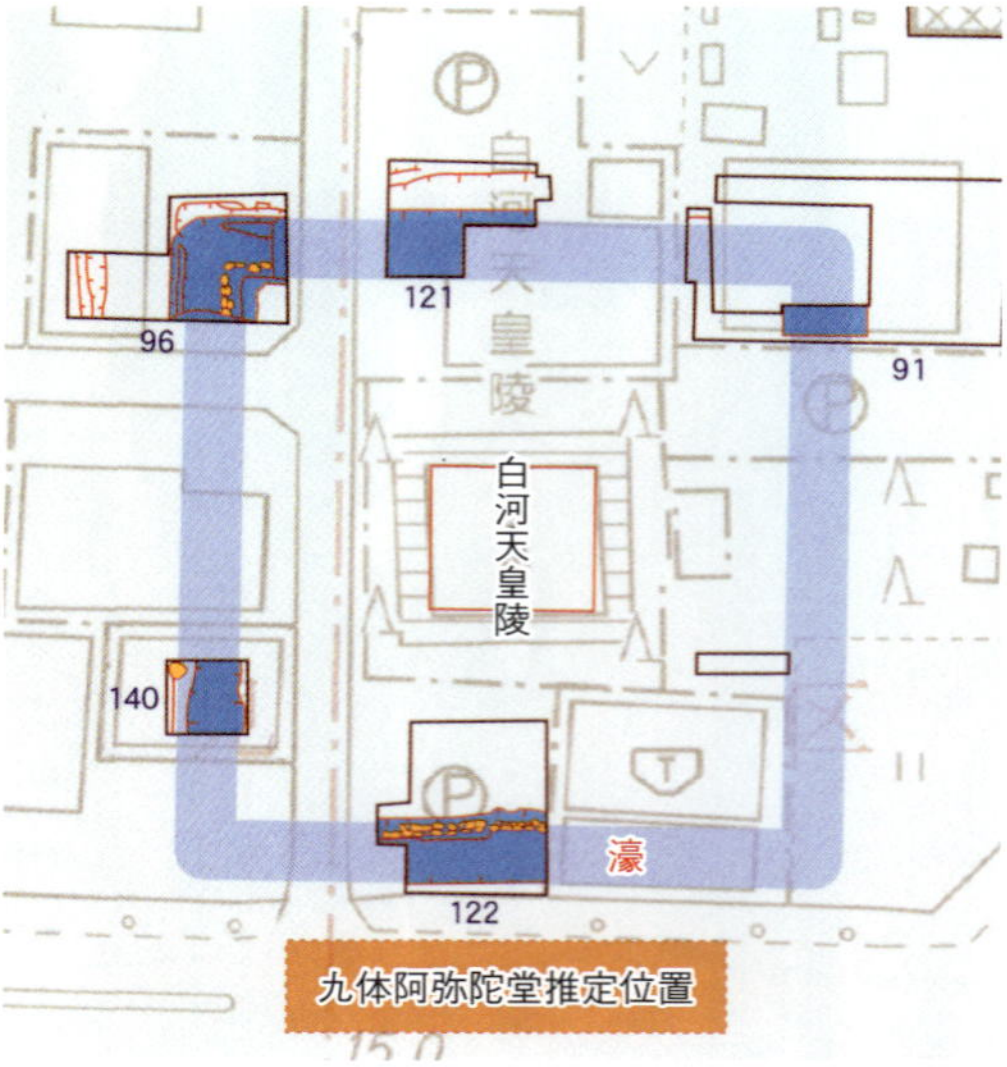

図23 ● 成菩提院

濠をめぐらせたのは鳥羽上皇であり、白河上皇の指示ではなかったと考える。濠の内側は、一メートル以上もある自然石を積み上げて護岸とするが、外側部分は素掘りのままであった。こうした状態は当初からの計画ではなく、成菩提院の供養日に間に合わせることができなかったと推定する。

第2章で述べたように鳥羽上皇は、白河上皇終焉の地であった三条西殿の西対屋を移築し、七間四面（九間×四間）の九体阿弥陀堂とした。この九体阿弥陀堂は三重塔の南側、濠の外側から塔を供養するために建立された。成菩提院である。成菩提院の法名をつけるにあたり、鳥羽の地が水難を受けやすいため、「サンズイ」の付く字（「浄」など）が避けられたことはよく知られている。

三重塔をめぐる濠内からは塔や九体阿弥陀堂に関連する仏像や天蓋瓔珞《てんがいようらく》（**図46参照**）、さらに螺鈿《らでん》を施した燈台や和琴《わごん》などが出土しており、建物内部の旧状を垣間見ることができる。なお和琴は、風琴《ふうきん》として使用したのではないかとの指摘もある。

北西角の濠の状況　　南の濠の状況

図24 ● 成菩提院をめぐる濠

白河上皇こだわりの塔

白河上皇が一一〇九年に供養した三重塔は、御陵とすることを視野にいれた建物であった。この三重塔をとり囲む濠で発見された出土遺物や史料から、この塔の特徴をみてみよう。濠から出土した塔の建築材は、瓦類、金具類（垂《たる》木先《きさき》・隅木先《すみぎさき》金具）、建築部材などである。

白河上皇のこだわりを感じさせる遺物は、出土量がもっとも多かった瓦類である。瓦類は軒丸瓦《のきまるがわら》・軒平瓦《のきひらがわら》・丸瓦・平瓦・鬼瓦・面戸瓦《めんどがわら》・隅木蓋瓦《すみぎふたがわら》などに分類されるが、その種類の豊富さには驚かされる。さらに驚嘆するのは、軒丸瓦・軒平瓦・丸瓦・平瓦の一部に、他に例をみない複雑な加工を施していることである（**図26**）。その加工を活用しながら瓦を葺き上げていくと、四種類の瓦は互いに隙間なく組み合うように設計されている。すなわち軒丸瓦・丸瓦は、両側面に二対、玉縁部に一対の切込を施す。軒平瓦・平瓦は凸面部に、低い段を設けている。

つまり、軒平瓦を軒先に固定した後、次に重なり合う平瓦凸面の段を軒平瓦の端に合せると、**図26下**のように軒丸瓦と丸瓦の切込が、下方にある平瓦と平瓦との段差にうまく組み合うように工夫されていることがわかる。

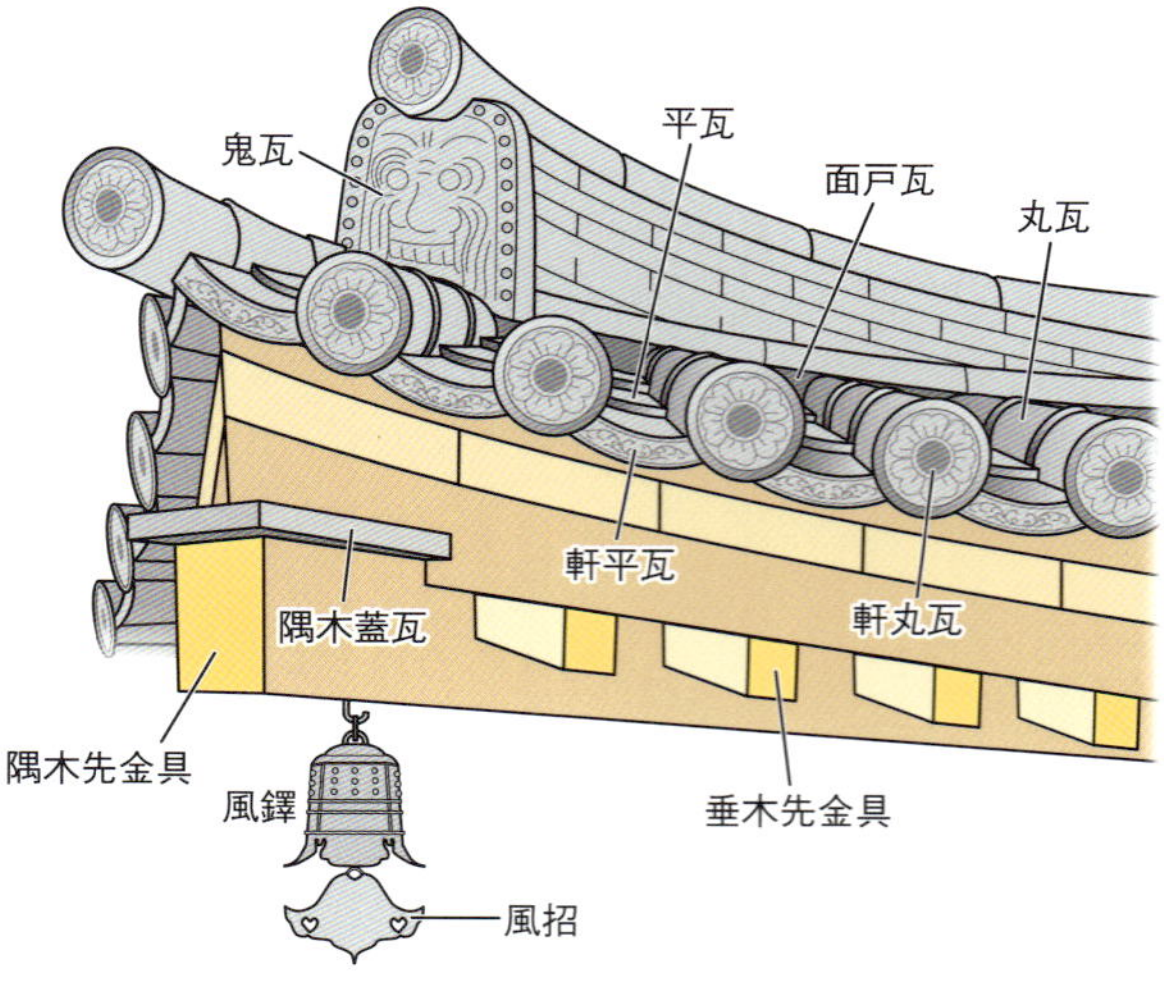

図25 ● 瓦の名称

ところで、白河・鳥羽上皇の院政期には、大規模な寺院造営が平安京周辺部で実施されたため、大量に瓦が生産された。しかしながら、このように加工した瓦は、離宮内はもとより、その他の遺跡からもほとんど出土していない。こうした瓦が出現した背景は、白河上皇が塔の細部にまでこだわったためであり、塔によせる上皇の思いを読みとることができる。

つぎに、塔の構造についてみてみよう。

塔の規模や構造については、発掘調査が実施されておらず、明らかでない。そこで、白河上皇の遺骨を納めたときの様子を記した史料から構造を推定してみよう。『長秋記』には、「方四尺の石筺を儲けられ、底には双穴のある大石が据えられ、そこへ御骨壺が安置され、石蓋で覆った」とある。さらに銅御経、金千両、阿弥陀如来を入れた銅小塔などが納められたあと、石蓋で石室を封じ、土をその上にかぶせたとある。

すなわち、上皇の遺骨は塔初層の床下の地下に設けられた一辺一・二メートル四方の石室に安置された。石室の床面は、二つの穴をあけた大石で、遺骨を納めた壺を安置した後、最初の石蓋がかぶせられた。そして、いろいろな副葬品が納められ、二枚目の石蓋で石室は密封された。その後、石蓋は土でおおわれた。『長秋記』には副葬品を石室に移すとき、

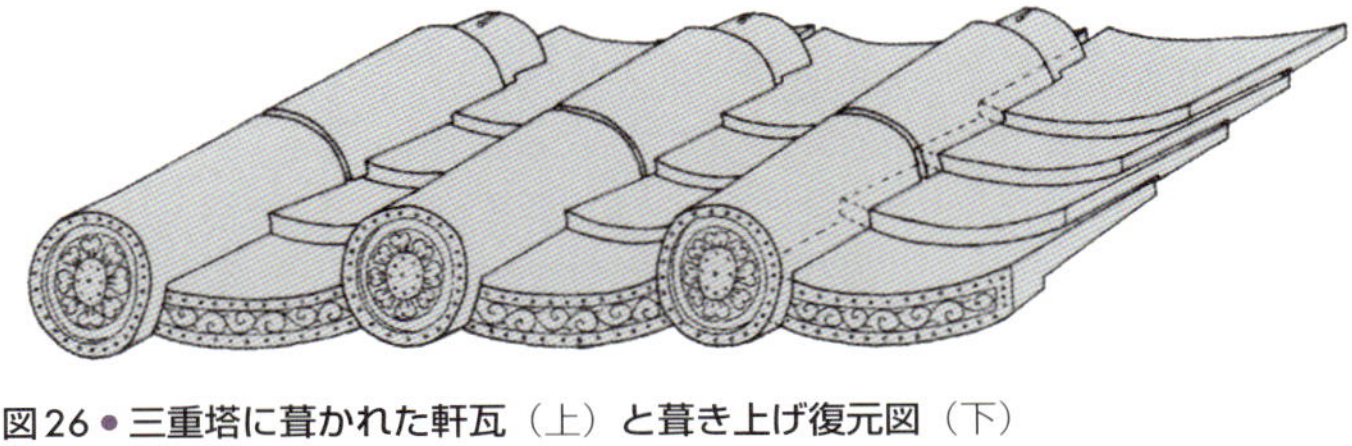

図26●三重塔に葺かれた軒瓦（上）**と葺き上げ復元図**（下）
このような形態の丸瓦や平瓦は、鳥羽離宮以外ではほとんどみられない特異なものである。

縄で釣り下げたと書かれており、塔初層の床面から石室までの深さは、少なくとも一メートルはあったと想像する。

離宮内の瓦工房

離宮内から出土する瓦は、讃岐《さぬき》・尾張《おわり》・河内《かわち》・山城《やましろ》の諸国で生産され運び込まれたものである。そのなかで出土量がもっとも多い瓦は、播磨国内の各所で焼かれた。

白河天皇陵の三重塔に葺かれたこだわりの瓦類は、いったいどこで生産されたのであろうか。

瓦当文様や製作手法から、播磨国で生産された瓦と推定されたこともあったが、確定するまでには至らなかった。そうしたなか、田中殿御所から東へ少し離れた調査区から、側面に切込を入れた丸瓦や凸面に段のある平瓦片とともに、高温を帯びた拳大から人頭大の壁土塊が発見された（**図27**）。さらに焼灰や炭なども散在していた。しかしながら、これらの出土遺物はみな、田中殿御所の造営により元の位置を失ってしまった遺物であったため、瓦窯の存在を確定するには至らなかった。

ところが田中殿御所の北側で、御所造営の整地層下層から不整形の

図27 ● 焼けて歪んだ瓦（左）**と窯壁片**（右）
窯壁と高熱で焼けゆがんだ瓦の出土は、瓦窯の存在を決定づける資料であった。

土坑が多数発見された。これらは掘削の深さがほぼ一定しており、平安宮や平安京で検出される土取り穴に類似していること、遺構の時期は田中殿御所が造営される以前であることなどから、三重塔に葺く瓦をつくるための土を採掘した痕跡であると判断した。こうした調査成果の再検討から、田中殿御所の東方に瓦を焼成するための窯を構築したと推定するに至った。この瓦窯は短期間で操業を中止したようで、田中殿御所の造営時に瓦工房は消滅した。

では、この工房で生産に従事していた工人とは、どのような人びとであったのであろうか。白河天皇陵出土軒平瓦のなかに、播磨国内で生産された軒平瓦と同笵のものが出土しており、軒丸瓦も播磨国で同文瓦が生産されている。加えて、三重塔を上皇に造進したのは、播磨守藤原基隆《もとたか》であることから、離宮内の瓦工房は播磨国から都へ呼び出された人びとであったであろう。

なぜ、播磨国から工人を離宮まで移動させて、瓦生産をさせたのであろうか。その最大の理由は、複雑な細工を必要とする瓦を安定的に生産するための対応と考える。すなわち、いままでにみたこともない形態の瓦をつくるためには、離宮内の工房で直接指示しなければならなかったのであろう。離宮には「御倉」「仏所」「修理所」「御厩」などの施設があったことが知られているが、瓦生産をおこなった工房は臨時に設立された施設であったが、同様な性格のものとみなすことができる。

5　東殿御所と安楽寿院

東殿御所と安楽寿院は、離宮の東端部近くの鴨川右岸に位置する。現在、鴨川は鳥羽離宮跡の西方を流れているが、離宮が造営されたころは、現在と大きく異なり、安楽寿院の東限および南限を流れていた。安楽寿院の東方部で実施した発掘調査では、鴨川の河原を想定させるに充分な砂礫層を確認している。

安楽寿院は、鴨川に隣接することから豊富な湧水に恵まれていたことは想像に難くなく、鴨川が移動してしまった今日でも、比較的浅い掘削で湧水がみられる。これは、平安時代以降に設けられた井戸底が浅いことからも裏づけられる。後述するように、安楽寿院境内の池は、こうした湧水によって清浄な水質が保たれていた。

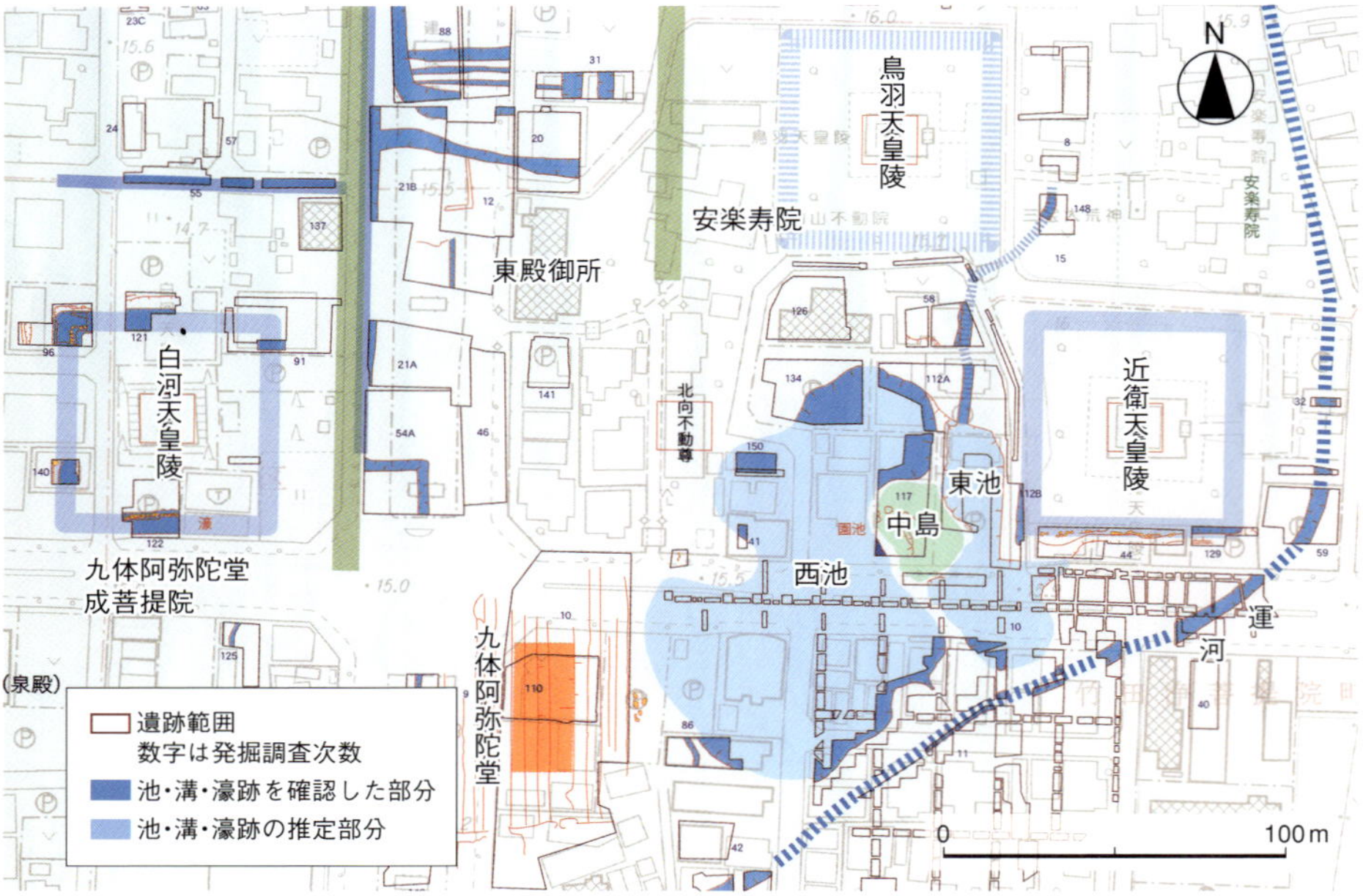

図28 ● 東殿御所と安楽寿院

混然とした御所と寺院

東殿御所と安楽寿院は、史料には「東殿」あるいは「安楽寿院」とみえ、それぞれ独立した別空間であったように思われるが、いままでの調査では両者を明確に区画する遺構（施設）は発見されていない。したがって、東殿御所と安楽寿院との区分けは、御所機能を有していた建物周辺部を「東殿」とよび、御堂が点在する範囲を安楽寿院としたのではないかと考える。このような状況は御所・寺院が充実、発展するなかで、融合した空間へと変貌したものであろう。

その一例として、美福門院の火葬地があげられる。史料によると、美福門院は白河の金剛勝院の御所において逝去したが、その後、亡骸は鳥羽離宮へ移され、東殿で火葬された。鳥羽天皇陵の東北部で発見された火葬跡（図29）は、美福門院が荼毘《だび》に付された場所と考えられる。すなわち、火葬は安楽寿院境内であった。このことからも、東殿御所と安楽寿院は混然とした空間であったことが想像される。

安楽寿院境内の大半は、園池であったと表現しても過言ではない。そして、池の北岸には鳥羽天皇陵である三重塔（本御塔―安楽寿院陵）が、東池の東岸には近衛天皇陵（新御塔―安楽寿院南陵）がそれぞれ位置した。

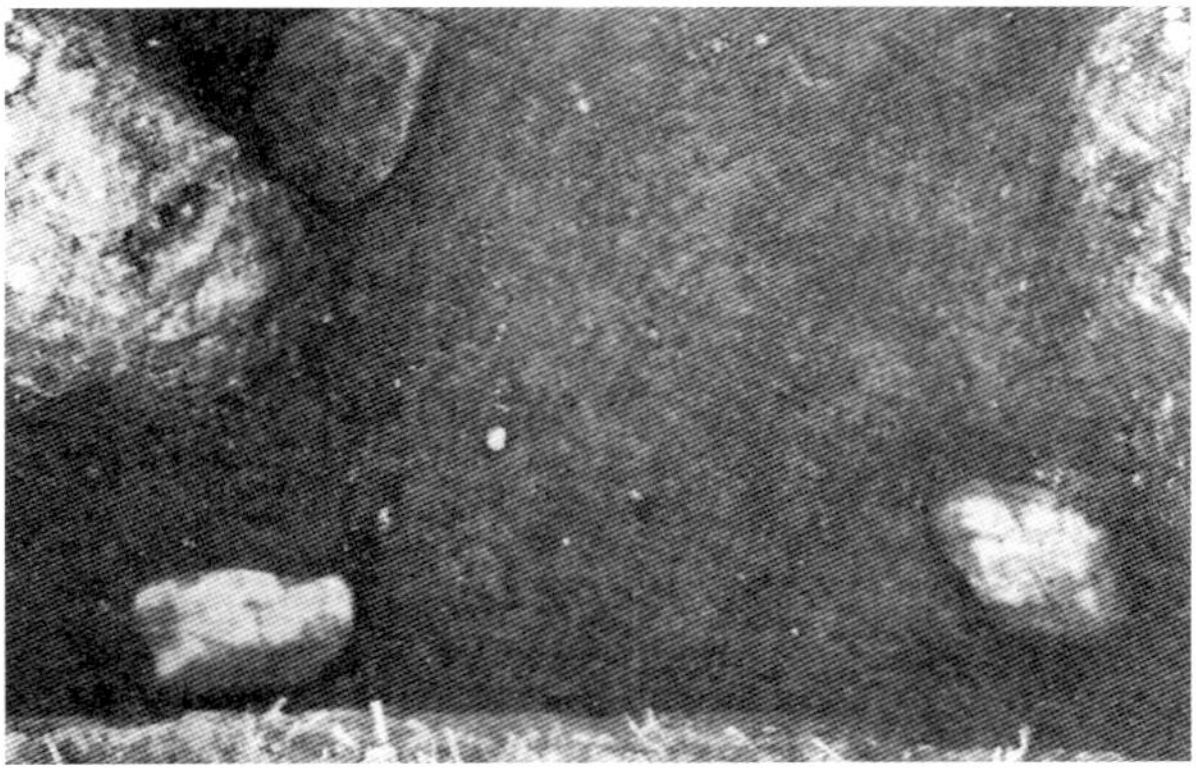

図29 ● 火葬跡
調査報告ではこの遺構は平安時代の火葬跡としか報告されていない。鳥羽天皇陵近くで火葬が許された人物といえば、美福門院だけであろう。

また西池の西南岸には九体阿弥陀堂が建立された。加えて、池の北西部には炎魔天堂や不動堂が建立されたと推定する。

御陵の規模

安楽寿院境内でもっとも中心となる建造物は、鳥羽天皇と近衛天皇を葬った二つの塔である。鳥羽天皇陵は三重塔を、近衛天皇陵は塔（多宝塔か）を墓所とした。いずれも御陵であるため、発掘調査はほとんどされず、詳細は明らかでないが、わずかに近衛天皇陵南辺部で御陵南限の濠（**図30**）と園池を埋め、御陵の南西角とした周堤帯が検出されている（**図31**）。これにより、近衛天皇陵の東西規模が約七〇メートルであることが判明した。そして、この七〇メートルの規模を御陵の南北方向にもあてはめると、近衛天皇陵である多宝塔はその中央部にほぼ位置することが明らかになった。

さらに、近衛天皇陵で得られた推定規模を現鳥羽天皇陵と比較すると、二つはほぼ同規模であることがわかった。鳥羽・近衛両天皇陵は、建立された当時の建物遺構や濠は失われているものの、その規模は旧状をよくとどめていたのである。

図30 ● 近衛天皇陵南濠
近衛天皇陵を囲む濠は、外側に石積護岸を実施している。これは白河天皇陵にはみられなかった状況である。鳥羽天皇陵はどうであろうか。

九体阿弥陀堂

鳥羽上皇は、離宮内に丈六の阿弥陀如来像を安置するための九体阿弥陀堂を、安楽寿院と金剛心院にそれぞれ建立した。安楽寿院境内の西池西岸部では南北に約三〇メートルにおよぶ凝灰岩片を含む小溝を検出している。この遺構は、次節で述べる金剛心院釈迦堂や九体阿弥陀堂の亀腹状基壇《かめばらじょうきだん》の縁《ふち》で発見した凝灰岩を据え付けた遺構と同じものと解釈できよう。そうすると、南北約三〇メートルの南北建物が浮かびあがる。

このような規模をもつ南北建物は史料上、安楽寿院境内の南に造営された丈六の阿弥陀如来を安置する檜皮葺の九体阿弥陀堂しかない。建物の東側で南北方向に据え付けた景石がみつかっていること、その東側に池が配置されていることもそれを裏づけている。

安楽寿院の園池

敷地のほぼ中央部に東西約一一〇メートル、南北約一一〇メートルの池がつくられた。池の中央東寄りには南北方向の中島（出島）があり、池はこの中島により東西に二分されていた。西側の池は東西約八五メートル、南北約一一〇メートル、東側の池は、東西約二〇メートル、南北約二五メートルと小規模である。

離宮内の園池は、自然の池を一部加工した遺構と、人為的につくられた遺構の二者が知られている。安楽寿院境内の園池は後者にあたり、水位も周囲の自然の池より一メートルほど高い。先に述べたように、安楽寿院や東殿御所跡周辺部の地下水位は今日でも高く、園池南側の発掘調査中も豊富な湧水が認められた。こうした状況から、安楽寿院境内の池水は西池・東池ともに、池底からの湧水によって保たれていたと考えている。加えて、園池南岸の近くには泉があったようで、地上にあふれ出た湧水を遣水の景観とし、池へ流していた。

池の汀線は、東西ともにほとんど出入りがなく、ゆるやかな曲線を描いているが、西池西岸の中ほどは東へ張り出し、景観に変化をあたえている。東池では、中島東岸が東へ張り出す。池汀の勾配は、どの地点もゆるやかであり、池の汀や陸部には、景石はほとんど認められなかった。陸部で発見した景石は、九体阿弥陀堂の東側、西池北東部、東池北側、汀では西池南西部、西北部、中島西側であった。

不思議な遺構として、玉石敷きの州浜がある。西池の汀には、拳大の玉石による州浜が

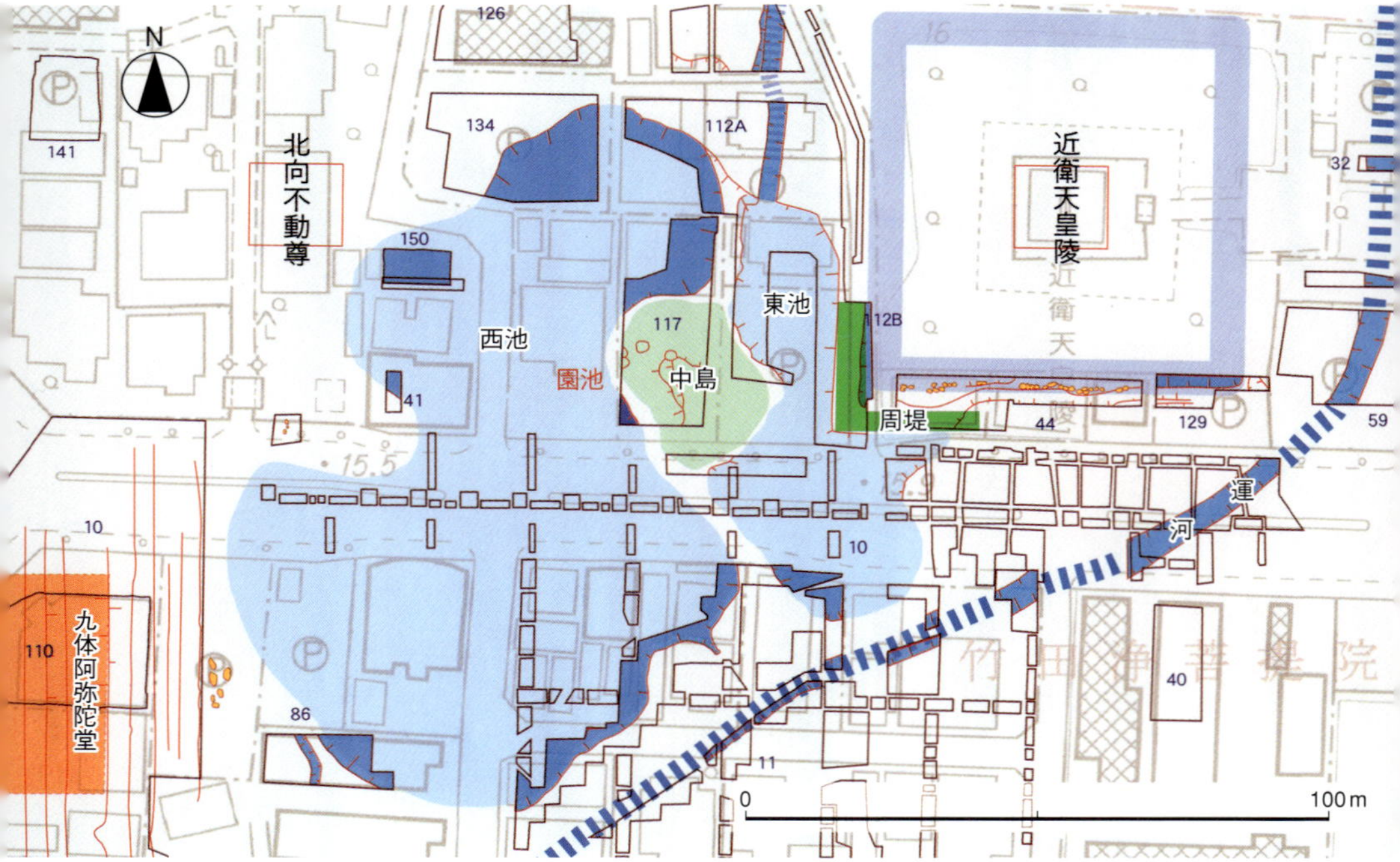

図31●安楽寿院の園池

あったが、東池ではまったくみられなかった。こうした状況は、玉石を意図的にとり除いたとしか理解できない。美福門院の塔を近衛天皇陵としたとき、汀の意匠を変化させたものと思われる。玉石の州浜意匠は、御陵としてふさわしくないと考えたのであろうか。

東池東岸では、近衛天皇陵の周堤が「L」字状に発見されている。周堤は、池に杭と板で方形区画をつくり、内側を埋め立てて構築したものである。周堤が折れ曲がる角は、近衛天皇陵の西南隅にあたる。御陵と園池を明確に区別する必要があったことを物語る遺構である。

西池北岸州浜

西池と中島（出島）の北半州浜

西池の西南岸州浜

図32 ● 安楽寿院園池の発掘調査

西池西岸部の大土木工事

西池西岸部と南岸の一部は、大規模な土木工事による造成地である。造成に使用された土木技術は離宮造営のなかで発達した工法（地業）で、全国的にみてもまれであり、その規模も破格なものであった。

この造成工法なくして、安楽寿院境内に一〇〇メートル以上の園池をつくることはかなわなかった。造成して間もない場所に、九体阿弥陀堂の建立を可能にしたのは、この地業開発があったおかげである（図31）。

なぜここに、大規模な造成をおこなったのか。その理由は、北から南へと徐々に傾斜する自然の斜面地に池を必要としたためである。しかも、池の水は絶えることがなく清浄でなければならなかった。それは、ここに極楽浄土に必要な園池を必要としたからである。この地が豊富な湧水にめぐまれていたことは、白河上皇が泉殿とよばれた御所を造営したときから知られていたと想像する。

鳥羽上皇はそうした環境をみのがさずに、斜面地の一角に安楽寿院の作庭を命じたのであり、そのために考案された技術が、池の造営を可能にした。

それらの土木技術はきわめて複雑なため、細部まで解明できていないが、ここでは工法の概略を復元的に述べよう。

① この工法は元来、建物の地業として発達してきたものであり、大規模な整地を目的にしたものではない。

②　玉石を小口積みした方形の区画は、一つの作業単位であり、仕上がった段階では一つの地下構造物となる。
③　拳大の河原石をさまざまな局面で使用している。なかでも地業の核になる部分は、玉石を南北方向に長い形状に並べながら石垣のように小口積みし、その内側に砂礫を充塡しつつ、突堤状の遺構を構築する。
④　間隔は不揃いであるが、南北方向の突堤状の遺構六条間を砂礫で埋めながら平坦面を構築する。
⑤　さらに、東・西・南へ玉石を列状に並べて平坦面を拡大する。正確な造成範囲は明らかでないが、東西八〇メートル、南北一〇〇メートル以上におよんでいる。

この工法は、一二世紀前半から中ごろにかけて鳥羽離宮造営のなかで工夫されたものであり、本来は建物地業（掘込地業）として発達した。いわば、この土木技術は、院政期の王権によって開発されたともいえ、鳥羽離宮跡以外には、法金剛院や法住寺殿、高陽院などで散見するにすぎない。

6　田中殿御所と金剛心院

田中殿御所

一一五二年に新造された田中殿御所の規模や建物配置などは明らかでない。今までに調査したのは、建物の一部と造営にともなう地業、それに池の一部である。このほかに、田中殿御所へ通じる道路（推定大路）や側溝なども検出している。

先述したように、離宮の発掘調査で最初に遺構が発見されたのは、この田中殿御所の調査であった。検出したのは、拳大の玉石を多量に使用した地業と、建物造営にともなう地鎮具埋納遺構である（**図15参照**）。礎石の根固めを想定させる痕跡から、桁行九間・梁行五間の建物などが復元されているが、周辺部での調査状況からすると玉石は建物地業全体に用いたもので、礎石の根固め石のようには使用していないことが明らかになってきた。そのため、この建物復元には、若干無理があるように思われる。

田中殿御所の調査で明確になったのは、建物造営に先行して玉石を多用した大規模な整地がなされたことである。玉石の分布状況や地業の範囲から、建物規模を特定するのはむずかしい。

金剛心院の主要建物

金剛心院は、一一五三（仁平三）四月に造営の安全を祈願する木作始《こづくりはじめ》（起工式）があり、同年一〇月に上棟式《じょうとうしき》、そして翌一一五四年（仁平四）八月には開眼供養がおこなわれた。この造営は鳥羽上皇最晩年のことであり、崩御する二年前であった。

史料によって、境内には釈迦堂・九体阿弥陀堂・寝殿などの中心建物や池・築山などの存在は発掘調査以前から知られていた。このように金剛心院は、関連する史料が比較的多く、発見された遺構をより具体的に把握できるのは幸いである。

図33 ● 金剛心院（数字は発掘調査次数）

金剛心院の位置については、史料に「馬場殿の北」、「(田中新造御所の)南」、あるいは「馬場殿北の樹北」とある。その地は、城南宮の北方、田中殿公園の南西である。

寺域規模については、史料に南北六〇丈(約一八〇メートル)、東西五〇丈(一五〇メートル)とあるが、発掘調査の結果、南北約一七一メートル、東西約一六五メートルであることが確認された。

寺域四至《しいし》の状況については、東限は素掘りの溝、西限は瓦葺の築地塀、南限は築地塀の痕跡が明確でないため、東半部は素掘りの溝、北限は南限と同様素掘りの溝によって区画されていたと推定している。東限の南北溝は、池と滝に水を供給する導水路を兼ねている。

金剛心院の正門は、寺域西限の瓦葺築地塀に西を向いて開いていたと推定しているが、規模や形式などの詳細は明らかでない。築地塀は、掘込地業によって構築された堅固な基礎の上に建てられていた。なお、築地塀下層の地業からは地鎮の壺が発見され、中には真珠と水晶玉が納められていた。

釈迦堂は、寺域のほぼ中央部に位置する南正面の東西棟建物である。身舎《もや》は東西三間・南北二間で、周囲に庇・孫庇が付く七間×六間の瓦葺の礎石建物(東西二一・五メートル×南北二一・四メートル)であった。釈迦堂の東面には、釈迦堂から東方へのび、池岸で南へと折れ曲がる翼廊《よくろう》状の建物(釣殿廊《つりどののろう》)が配されていた。さらに、釈迦堂の北東には、東西二間・南北五間の建物(二棟廊《ふたむねろう》〈子午廊《しごろう》〉)が、東に広がる池や滝などを鑑賞できるように建てられていた。

九体阿弥陀堂は釈迦堂の西南にあたり、東を正面とする南北棟建物である。身舎は東西二間・南北九間で、四面に庇がめぐり、北側には孫庇が付く一二間×四間の建物（東西一六・六メートル×南北四四・六メートル）であった。九体阿弥陀堂の東側には、阿弥陀堂を荘厳する前池が南北方向に設けられ、反橋《そりはし》が東西方向に架けられていた。

寝殿は、釈迦堂・九体阿弥陀堂とともに重要な建物で、釈迦堂と九体阿弥陀堂の間に位置していた。金剛心院の境内の寝殿は、南殿御所や北殿御所の寝殿とは異なり、どちらかといえば、御堂に付属する建物といえる。『兵範記《へいはんき》』には三間四面とある。建物跡の主要部分が道路敷地内にあって不明な箇所も多いが、発掘調査で検出した遺構は桁行五間、梁行二間で、南側に庇と縁が付く建物に復元できる。九体阿弥陀堂の前池は、寝殿の南正面に位置することになる。

寝殿や九体阿弥陀堂の北側で確認した東西あるいは南北の建物群は、『兵範記』の「北面以下、宇数十五六宇也」に相当すると考える。なお、九体阿弥陀堂には中門廊が付属していたが、今のところ確定していない。さらに九体阿弥陀堂の南側には、一間四面堂（三間×三間）があり、二棟の建物は廊で結ばれていた。九体阿弥陀堂と一間四面堂は、鳥羽上皇の遺勅で一一五七年（保元二）に上皇の母苡子《いし》のために建立された阿弥陀堂と考えられている。

主要建造物の基礎地業

釈迦堂と九体阿弥陀堂はともに、大規模でしかも手の込んだ掘込地業によって構築され、床下は版築による堅固な亀腹状基壇に仕上げられていた。これほど大規模ではないが、寺域西限の築地塀や一間四面堂も掘込地業された基礎の上に造営された。

釈迦堂・九体阿弥陀堂の二棟の建物は隣接し、しかも並行して造営されており、地業も基本的には同様な方法でなされているが、細部は独自の方法が採用されている。

掘込地業の範囲は建物と同規模で、深さは〇・八〜一・二メートルほど掘り下げている。この周辺は地下水が高いため、掘り下げ中の湧水処理に苦慮したことが想像される。掘り上げた掘形の底部には、拳大の玉石で短冊形の区画を設定したあと、その内側に玉石を敷き詰める。玉石の上面は粘質土でおおい、一般的な版築と同じように叩き締めをおこなう。これをくり返し実施して、地業掘形内部を堅固に仕上げてゆく。地表面まで版築を終えると亀腹の縁近くに、縁束《えんづか》を支える礎石を地業と並行して据え付ける。さらに、庇や身舎の礎石も地業といっしょに据え付けていった。

基壇の発見状況（亀腹状基壇上面）

基壇表土下の玉石面（版築状況）

掘込地業の最下面

図34●釈迦堂の亀腹状基壇と地業

ところで、釈迦堂と九体阿弥陀堂とにはさまれるように建立された寝殿には、堅固な掘込地業はいっさいみられない。このことにより、地業はただ漫然と実施されたものではなく、地盤の強弱と建物規模や重量を計算し、建物に適した強度の基礎にしていることがわかる。

寺域西限の築地塀の基礎は、釈迦堂や九体阿弥陀堂と同様な工法の掘込地業（幅二メートル～二・五メートル、深さ〇・六メートル）によって構築されていた。築地塀は約二メートル、犬走は幅約一メートルの堂々としたものであった。このような築地塀は、京内はもとより離宮内

基壇の発見状況

基壇表土下の玉石面

掘込地業各単位の完掘

図35 ● 九体阿弥陀堂の亀腹状基壇と地業

でも類例がない。

金剛心院の出土瓦

離宮内から出土する瓦は、寺院の仏堂や築地塀などの本瓦葺建物や御所などの檜皮葺建物の棟に使用されたものである。

平安時代後期になると、平安京造営時に隆盛をきわめた都の瓦生産は、生産量・造瓦技術ともに衰退した。そのため、造営に必要な瓦は、都以外の諸国から運び込まれた。鳥羽離宮跡から出土する瓦は先行研究により、播磨国、讃岐国、尾張国、河内国などで焼かれたことが明らかにされている。

金剛心院の建物のなかで釈迦堂と九体阿弥陀堂は、史料から瓦葺建物であることが知られていたが、発掘調査によって釣殿廊・西築地塀も瓦葺であることが新たに判明した。

出土した瓦の特徴をみてみよう。金剛心院から出土した軒瓦の点数は、軒丸瓦が一四二五点、軒平瓦が九七七点であった。出土点数を生産地の国別にみると、軒丸瓦は播磨国産が五八パーセント、山城国産が一七パーセント、讃岐国産が五パーセントである。これと対になる軒平瓦は、播磨国産が七三パーセント、山城国産が八パー

図36 ● 金剛心院出土瓦による軒先再現
調査で出土した瓦で軒先を再現した。

セント、讃岐国産が五パーセントである。

もっとも出土量が多い播磨国産の瓦は、現在の兵庫県神戸市・明石市・高砂市などで生産されたものである。播磨国内で瓦生産にたずさわった工人達は、瓦専門の工人ではなく、日常生活に使用する陶器を生産する陶工であった。そのため瓦は、陶器を焼成する窖《あな》窯《がま》（瓦陶兼業窯）で焼かれた。安楽寿院から顕著に出土する尾張国産の瓦も、播磨と同じように、陶器生産にたずさわる陶工によって生産された。播磨・尾張では、陶器生産者を一時的に瓦生産にあたらせたのである。

讃岐国産の瓦は、香川県綾歌《あやうた》郡の十《と》瓶山《かめやま》古窯址群周辺部の製品で、平窯と窖窯を折衷したような窯で焼かれたようである。

次に、軒先を飾った軒瓦の瓦当文様についてみてみよう。軒丸瓦の文様は二三型式四〇種、軒平瓦は二一型式五一種に分類されたが、

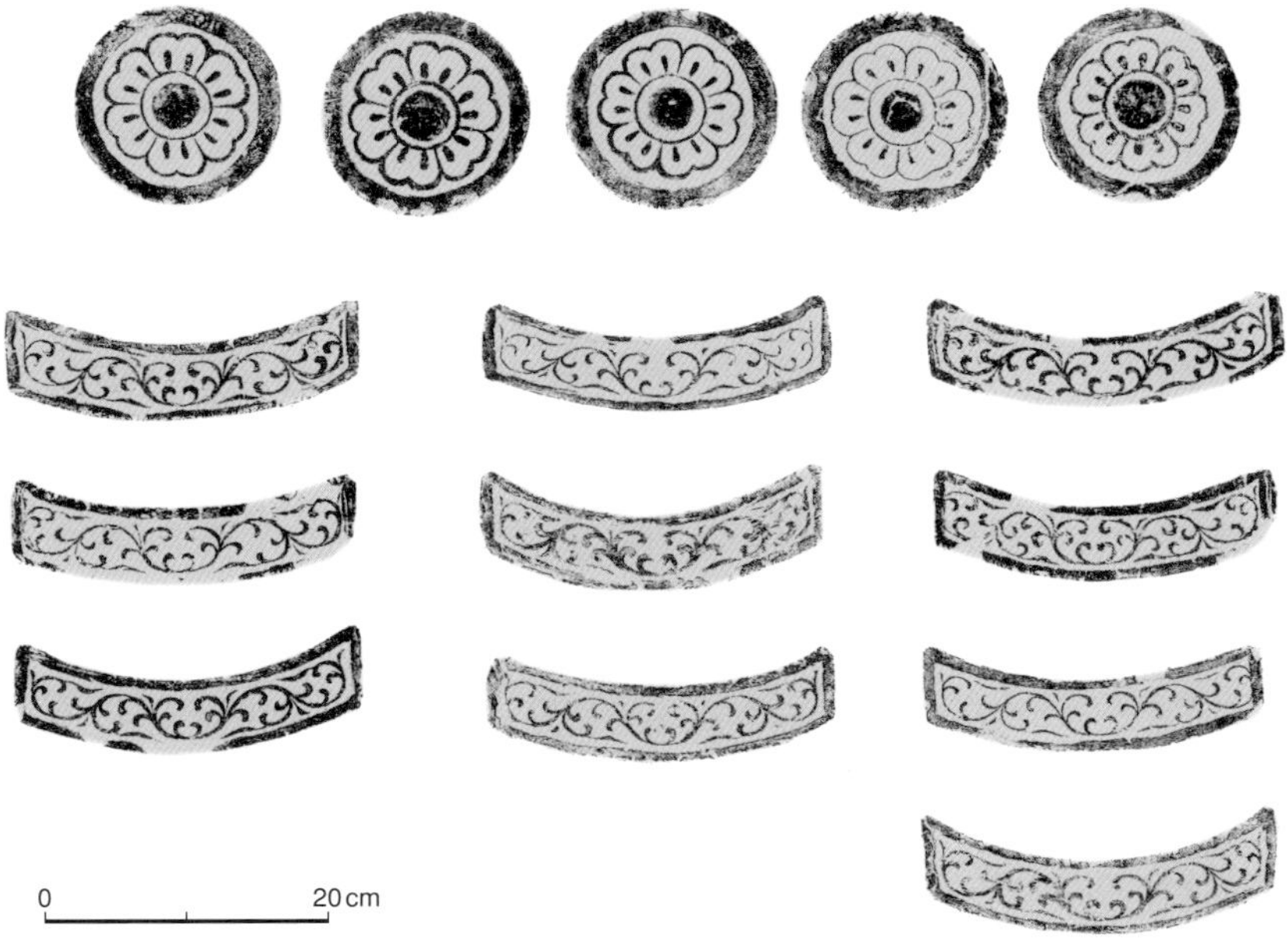

図37 ● 播磨国で生産された同文様の軒瓦
短期間で同じ文様の瓦を生産するために、播磨国内の各所に同文様の軒瓦を発注した。

軒丸瓦でもっとも点数が多かったのは、播磨国産瓦の複弁六弁蓮華文で、総数の約五二パーセントを占めた。一方の軒平瓦も同じく、播磨国産の均整唐草文が総数の六六パーセントを占め、金剛心院の軒先の瓦当文様は**図37**の組み合わせであったことが判明した。

軒丸瓦の文様は五種類に、軒平瓦は一〇種類に分類できるが、表現や寸法が細部まできわめて類似している。これは、複数の瓦当笵を同一場所で作成した結果であり、瓦笵を複数の瓦工房に配布し、同時発注したと考えられる。短時間に同一文様の軒瓦を焼成する必要に迫られたための対応であった。

ところで、金剛心院における山城国産の丸瓦・平瓦はほとんど出土していない。その理由は、このころの山城国における瓦生産は洛北幡枝《はたえだ》や白河の一角で小規模におこなわれており、大規模な造営に対応できるだけの生産体制や技術がほとんどなかったからであろう。金剛心院出土の山城国の瓦類は、檜皮葺建物の大棟に使用したものである。

図38 ● 釈迦堂東庭の池西岸
釣殿廊を設けた池右岸は、1〜1.5ｍ前後の景石を南北約35ｍにわたり荒磯風の石組に仕上げていた。この時期としては最大規模である。

境内の庭園

金剛心院の中心建物である釈迦堂、九体阿弥陀堂、寝殿の周辺部は、規模・形態・意匠を違えた池が三カ所知られている。これらの池は、自然の池を利用したものでなく、人力で開削したものである。先述した南殿御所や北殿御所の池とは、成立事情を異にしている。次に、境内の池を中心とした庭園を、東側から順に概観してみよう。

釈迦堂東庭の池　南北方向に細長く、北岸中央部は半島を「V」字状に南へ突き出す。半島先端部の西側は、景石や河原石を「U」字状に並べ、船入りを想定させる意匠としている。こうした状況は、石組をやや上部からみることを前提としている。その南にある緑色片岩を水中に据え付けていることも同様である。

一方、半島の東側は花崗岩三石を一組として、池を望む位置に据え付けている。このような石組は、ここにだけみられる意匠である。

半島から釣殿廊までの池西岸は、北側を玉石と瓦片を使用した州浜、南側はチャートを多用した荒磯風の石組としている（**図38**）。また、池西岸から二棟廊（子午廊）の間にも景石を据え付けている。ところが、対岸にあたる池の東岸は、

図39●滝石組の復元

単調な汀で勾配も急となり、西岸とは対照的である。しかしながら、釣殿廊の近くになると池東岸の意匠は大きく変貌する。すなわち、荒磯風に石組した池西岸は東へと張出して、池幅も北側より狭くなり、東岸との距離は狭くなる。東岸には、落差一メートル以上の滝石組《たきいしくみ》と遣水がつくられた。滝から落ちた水は直接池に落ちず、幅一メートル、長さ六メートルほどの遣水を南へ流したあとに、池へと注ぎ込むように設計されていた（**図39**）。

　遣水は、位置的に人目に触れることのない流れの底部に、水の流れが単調にならないための水分石《みくまりいし》や玉石を丁寧に敷き詰める。これは、滝や遣水を流れる水音を釣殿廊から楽しむためのしつらえと推定する。なお、滝は九体阿弥陀堂の建物中軸線上に位置しているが、なぜそうしたかは今後の課題である。これより南方の汀には、人工的な加工はいっさいみられなくなる。

　一方、釣殿廊から少し南側には、細長い砂岩を「く」の字状に据え付け、一見「橋引石《はしびきいし》」あるいは「橋挟石《はしはさいし》」を思わせる石組がある。橋引き風の石組の上端面は、正確に水平を保ち、釣殿廊の南端に位置することから、実用的な船着き場と推定されている（**図40**）。意匠としての

図40 ● 船着き場
船を着岸させるために組み合わせた二つの石は和泉砂岩で、大阪南部から和歌山県で採取されたと思われる。

船着き場でなく、実践的な施設は、この池が船による移動に利用されていたことを物語る重要な根拠である。釈迦堂東側の池は、北殿御所や勝光明院、また南殿御所へ、さらに東殿へと船で往来するためのものと想定できる。

釈迦堂南庭の池　池の方向は北東から南西方向を向き、汀線は直線的で景石を対岸と対になるように点々と据え付けている（**図41**）。池南端部は未調査のため不明であるが、平面短冊形の独立した池であったと推定している。深さは〇・五メートルから〇・六メートルと浅く、底部は充分な水が湧く層に至っていない。

池の長軸を寺域の方位と大きく異にしているのは、釈迦堂と九体阿弥陀堂の双方に意識した結果であろう。すなわち、この池は、水生植物による仏堂荘厳を目的に設けたものと想像している。

九体阿弥陀堂の前池　この池も釈迦堂東庭の池と同様、南北方向に細長く、北端は寝殿南面のすぐ近くまで達している。池はゆるやかに湾曲し、きわめてゆるやかな汀は玉石敷の州浜としている。

池と九体阿弥陀堂の建物中軸線が交差する地点には、東西方向に橋が架けられている。この橋は、『兵範記』に「反

図41 ● 釈迦堂南庭の池

橋」と記されている。池の北岸は、寝殿の南側で西へと湾曲する。意匠も反橋から北半部は、粒を揃えた玉石を入念に敷いた州浜に仕上げ、要所に一メートル以上の景石を据え付けて雅《みやび》な景観に仕上げている。しかしながら、九体阿弥陀堂東正面部分の景観は簡素である。すなわち、池北半部は九体阿弥陀堂の前池でもあるが、寝殿南面の池でもある。こうした理由から、寝殿造庭園《しんでんづくりていえん》にみられるような、手の込んだ雅さを強調した意匠にしたものである。とりわけ寝殿から南側の池を眺望したとき、九体阿弥陀堂の前池には美しい反橋がみえたはずである。

南北に細長い池

金剛心院は離宮のほぼ中央部に位置するが、鳥羽上皇晩年の造営である。この地は縄文時代以来の遺構が連綿とあり、自然災害をもっとも受けにくい立地であった。なぜ、このような場所が、離宮造営開始から永く手つかずの状態で放置されてきたのであろうか。これは御所や寺院の造営地が、なぜ点在したかを理解するうえでも重要な課題である。

その問題を解く糸口は、釈迦堂東の池と九体阿弥陀堂の前池が、ともにウナギの寝床のように細長いことにあると思う。釈迦堂東の池は南北に一七〇メートル以上、九体阿弥陀堂の前池

図42 ● 九体阿弥陀堂前池の北端部分

は南北に四五メートル以上にわたることを確認している。このような長大な園池は、ほかに聞いたことがない。釈迦堂と九体阿弥陀堂の二つの園池は、離宮造営以前からあった自然の池につなげるために、運河のように細長い池を人力で開削したのである。

結果として、池の形態は、否応なしに南北方向に細長い流路状の形態となった。そして、金剛心院の池、とくに釈迦堂東側の池は、北殿御所や南殿御所の池へと、船で往来することが可能になったのである。後述するように、離宮では乗船して離宮内の寺院の御堂巡拝を催した記録が残されている。

鳥羽上皇の心境を映す庭園

図43は、釈迦堂とその周辺部に作庭された庭園の一部である。とりわけ釈迦堂東側の釣殿廊と滝石組、さらに釣殿廊から二棟廊（子午廊）は、みる場所ごとに景観や趣を大きく変化させている。先述したように、釣殿廊は池と滝を、釈迦堂北東の二棟廊（子午廊）は池や遥か東方に眺望される山並みを強く意識している。一方、池西岸の意匠はおだやかな州浜と荒磯風の石組とに変化させて、池幅も広くし、北岸から張出

図43●金剛心院の池

す半島部分では、こまやかな意匠の石組を施している。同じ境内にあっても、九体阿弥陀堂の前池周辺部の庭園とは、趣が大きく違っている。

このように、釈迦堂東辺の庭園は寺院の庭園というより、京内の御所や邸宅の庭園のように宗教的な色彩は、あまり感じられない。その反面、丈六の阿弥陀如来像を安楽寿院につづいて造像したことは、最期《さいご》のとき、極楽浄土へと来迎されることに強く執着していることが感じられる。

離宮内の水田

離宮内には、当地が離宮になる以前に整備された水田があった。離宮へと変貌した後も、その場所は水田があったためか、「田中」とよばれていたようである。当時の「田中」は、北殿御所の東方、馬場殿の北方、田中殿御所から南方一体と考えられる。

一一二七年（大治二）五月、馬場殿の北方でおこなわれた田植や田楽を、三院（白河上皇、待賢門院、崇徳天皇）が連れ立って見物している。その様子はきらびやかであった（『中右記』）。田植えがおこなわれた周辺部には、その後、金剛心院が造営される。

金剛心院北西隅の調査では、寺院造営時の整地層下方から小規模な溝が多数検出され、史料のとおり、この地が耕作地であったことが確認された。離宮内の状況や土地利用を知るうえで、貴重な調査事例といえる。

7　鳥羽離宮の華麗な浄土世界

今に残る仏像たち

離宮内の寺々に安置された仏像は、宮廷仏師の円勢《えんせい》・賢円《けんえん》・長円《ちょうえん》・院尊《いんそん》などにより、離宮内の仏所などで造像されたようである。離宮の寺院や仏堂は、離宮の衰退とともにそのほとんどを失った。そのなかにあって、安楽寿院所蔵の鳥羽天皇陵（本御塔）の安置仏阿弥陀如来坐像（**重文、図44**）、近衛天皇陵（新御塔）多宝塔に安置されている阿弥陀如来像、それに北向山不動院の不動明王像（重文）は当時からの伝世品であり、離宮の仏教美術を知るうえで大変貴重な文化財である。

他方、一度は廃絶してしまったものの、発掘調査でよみがえった仏像もある。成菩提院の濠からは、不動明王像の左手首（**図46**）や小型仏像の背中の一部が発見されている。また、安楽寿院の池からは、頭部の一部や平等院鳳凰堂の雲中供養菩薩像とほぼ同形態の雲形台座片が発見されている。金剛心院九体阿弥陀堂の前池北端部では、宝相華唐草文《ほうそうげからくさもん》の透彫り光背の一部や台座片がまとまって確認された。光背のなかには、丈六像用のものも含まれているようである。

釈迦堂は奈良の仏師康助《こうじょ》が、九体阿弥陀堂は仏師賢円がそれぞれ造像し、扉絵は藤原隆能《たかよし》、柱絵は絵仏師智順《ちじゅん》が描いている。

ところで、現在の安楽寿院境内には、凝灰岩の切石を用いた立体感のある釈迦三尊と薬師三尊の石仏二体が南北に安置されている（**図45**）。これらは、江戸時代に白河天皇陵付近から掘

図44 ● **鳥羽天皇陵（本御塔）本尊阿弥陀如来坐像**
1139年に開眼供養された本尊で、内刳りも漆箔されている。胸に卍があることから、卍阿弥陀（まんじのあみだ）とよばれることもある。

り出され、発見当時は三体であったとされている。状態が良好な阿弥陀三尊一体は京都国立博物館に寄託して保存が図られており、安楽寿院には残りの二体が安置されている。制作年代は平安時代後期とされ、石材は平安宮跡の基壇に使用された凝灰岩と同質である。

華麗に飾られた仏堂

仏像を安置する須弥壇《しゅみだん》や仏像を飾る荘厳具としては、金剛心院九体阿弥陀堂の基壇上面から発見された須弥壇の框《かまち》を飾る金具があげられる（**図46**）。左側は折損しているが、右側の中央に二羽の鴛《おし》鴦《どり》が羽を広げて向かい合い、頸部には宝相華唐草文が巻かれている。尾羽の先は宝相華となり、大きく上半部に展開する。文様は毛彫りで端整に仕上げられている。地紋は魚々子《ななこ》を丁寧に打っている。魚々子地は銀、そのほかは鍍金されている。

三八ページの**図19**は、勝光明院阿弥陀堂の前池から出土した孔雀文の金具である。向かって右方を向く孔雀の頭部には冠毛が付き、胴部や翼には毛彫りによって羽根が一枚一枚丁寧に表現されている。岩手県中尊寺金色堂の須弥壇格狭間にある孔雀と冠毛、翼、尾などがきわめて類似していることに驚かされる。

薬師三尊像

釈迦三尊像

図45 ● 白河天皇陵付近で発見された石仏
江戸時代に発見されて以降、安楽寿院境内に永く安置されてきた。
現在、そのうちの一体は、京都国立博物館に寄託されている。

成菩提院濠出土の天蓋瓔珞

須弥壇を飾る金具

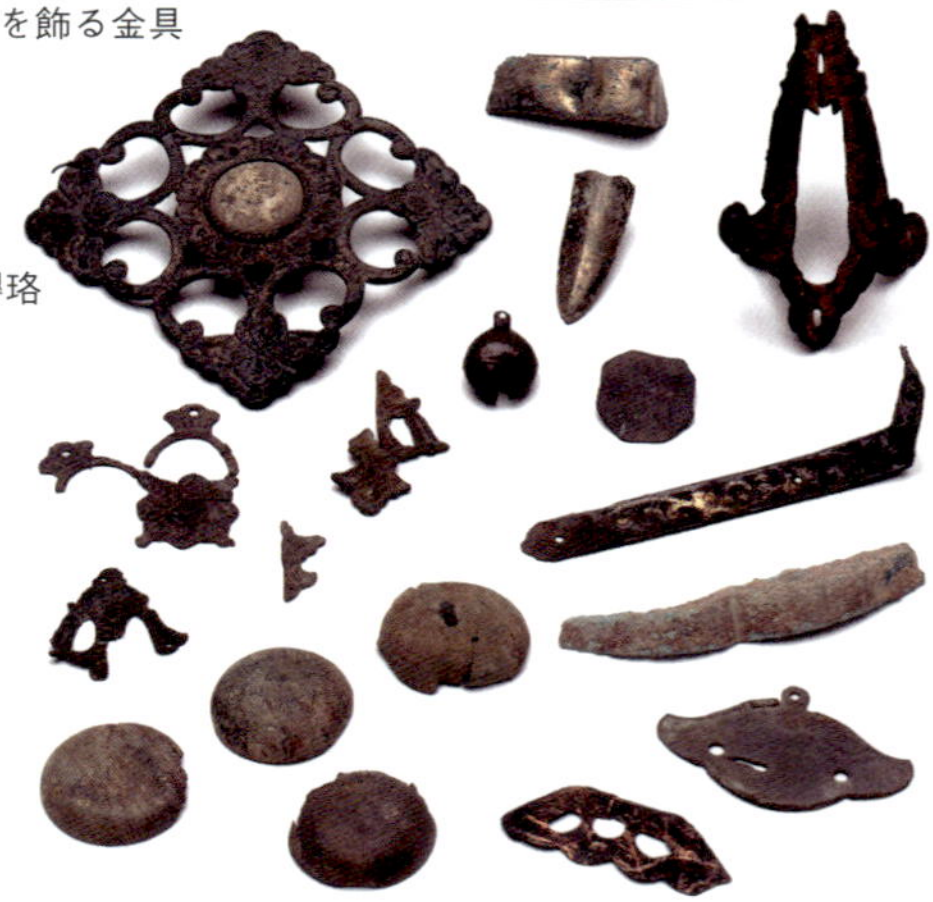

天蓋瓔珞

成菩提院濠出土の仏像の左手首

金剛心院跡出土の飾金具

九体阿弥陀堂前池で出土した垂飾の出土状況。この周辺部からは、光背やガラス玉などが共伴している。

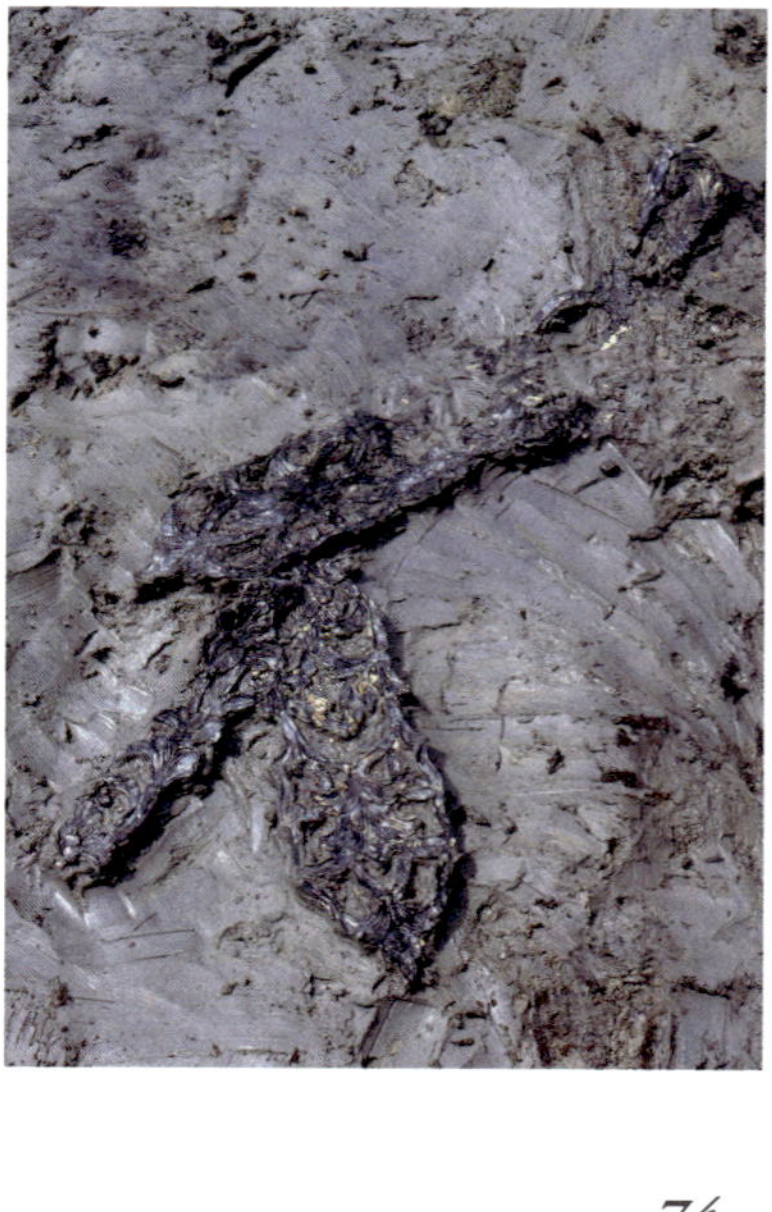

図46 ● 離宮内出土の仏教遺物
金剛心院・成菩提院・安楽寿院などからは、多様な荘厳具が発見され、仏像や仏具も出土している。これらは離宮内の工房で製作されものであろう。

成菩提院の濠と金剛心院釈迦堂から出土した天蓋瓔珞は、金具の中央部に水色の円形ガラスをはめ込み、その周囲には蔓《つた》と蓮華を組み合せた宝相華唐草文をめぐらせている。二点の時期は異なるが、文様構成や表現は類似しており、離宮内の工房で制作されたと考えている。

このほかにも金剛心院からは、柱を飾る珠文金具や厨子などに使用された金具なども発見されている。また、厚さ数ミリときわめて薄い芯に漆を盛り上げ、漆箔仕上げした垂飾が出土している。こうした類例の伝世例は少なく、貴重な出土品である（図46）。

船の活用

離宮内の御所や寺院（御堂）は、池に隣接して建立された。これらの池は、さまざまに利用された。その事例を二、三紹介してみよう。

『中右記』によれば一〇八八年（寛治二）四月、白河上皇は、船楽や池の景観を船上から見学している。また、一一〇二年（康和四）三月にも、白河上皇は北殿御所の南岸から乗船し、竜《りゅう》頭《とう》船の楽を楽しんでいるが、このとき六艘の船が準備された。

一一三六年の勝光明院阿弥陀堂の供養にあたり、竜頭船、鷁首《げきしゅ》船、瓦船《かわらふね》などの支度が詳細に記されている（『長秋記』）。池が広いので竜頭船が二艘必要となったが、予定していた六条院の船は六条院火災の際に焼失したため、法勝寺の船を修理してこれにあて、不足の一艘は新造するかどうかを源師時に相談している。その結果、勝光明院阿弥陀堂供養には、竜頭船・鷁首船が使用された。

一一五八年（保元三）四月、後白河天皇は大宰大弐《だざいのだいに》秀行・伊予守親隆《ちかたか》・信西《しんぜい》らが造進した船によって船遊びを催しているが、それに先立って御堂巡拝をおこなっている（『兵範記』）。また、一一七三年（承安三）六月にも御堂巡拝（礼）があり、証金剛院・勝光明院・金剛心院・成菩提院・安楽寿院がみえ、巡拝とあるから、記された順に詣でたのであろう。出発は南殿御所の証金剛院、そして北の勝光明院へ、そこから東の金剛心院へ、さらに東の成菩提院へ、最後に離宮東方の安楽寿院に行っている（吉田経房《よしだつねふさ》の日記『吉記《きっき》』）。

このような船を利用しての参拝は離宮ならではの趣向である。なんという優雅な参拝であったろうか。なお、離宮内で使用した船は、離宮跡のどこかに必ず埋もれていると考えている。

8　発掘調査によってわかったこと

以上のように、約半世紀にわたる発掘調査によって、史料に記された鳥羽離宮の華麗な姿を今にみることができるようになったが、史料には出てこないさまざまなこともわかってきた。その一端を紹介しよう。

上皇の思いをかなえた離宮造営の土木者達

離宮に作庭された庭園遺構は、南殿御所の北方に位置する築山といわれる「秋の山」を除き、すべて地下に埋もれている。発掘調査された南殿御所、北殿御所と勝光明院、金剛心院、安楽寺院などの遺構から、離宮造営の技術や特徴をもう少しみてみよう。

池をつくる　離宮内において池の果たす役割は多岐にわたり、重要かつ実用的であった。離宮造営当初は、自然の池を活用しつつ、あるときは大きく掘削し、またあるときは汀の一部を加工して、御所の園池としていた。

ところが鳥羽上皇の時期になると、必要とする場所に人為的に池を設けるようになり、土木規模は拡大した。その典型が安楽寿院と金剛心院である。安楽寿院境内の園池の完成は、勝光明院阿弥陀堂や経蔵の建物基壇構築で養われた知識と経験なくしてはありえなかった。その萌芽は法勝寺造営にみることができる。そして、離宮で培われた土木技術は、後白河上皇の法住寺殿造営へと引き継がれた。

石の扱い　景石は日本庭園に欠くことができない重要な資材である。しかも自然の影響を受けやすい環境に位置することや霊力を秘めていることが多いため、とり扱いに際して注意しなければならないことがらを、『作庭記』（平安時代につくられた最古級の造庭書）は細かく記している。

離宮の庭園の景石のほとんどは、池の汀や州浜、建物周辺部（陸部）などで発見された。池の汀や州浜に据え付ける場合、石の形や大きさにもよるが、石の高さの四分の一程度を埋め込んでいることが多い。石の形態がきわめて安定しているときは、さらに浅い場合もある。石の根元が水中に没する場合は、根元を大小の詰石で固定している。

陸上（部）では、石の半分以上を地中に埋め込む。建物の礎石を据え付ける方法と同様である。ところで、庭園に石を据え付けるとき、「石を立てる」というが、石の長軸を縦方向に据えることはきわめて少なく、ほとんどが長軸を横方向に向けている。

景石の重量は、金剛心院釈迦堂東側の調査では四七個を測定したが、もっとも軽量なものは五〇キロ、最大のものは七〇〇キロ、平均重量は約三七〇キロであった。同じく金剛心院九体阿弥陀堂の前池の計測では、一二個中、もっとも軽量なものが二〇〇キロ、もっとも重かったのは八〇〇キロであった。離宮内で計測した景石でもっとも重かったのは、金剛心院の滝石組に使用されていたもので、二七〇〇キロあった。

景石の石材は、京都盆地で産出するチャートがもっとも多く、採集地は鴨川上流の高野川もしくは支流付近ではないかと考えられている。金剛心院や安楽寿院出土の景石のなかには、和歌山県から大阪和泉にかけて分布する和泉砂岩や、和歌山県などにみられる緑色片岩など、京都以外の地から運びこまれたものも出土する。ところで、緑色片岩は水に濡れると艶のある美しい緑色に変化するが、こうした石材が運び込まれた背景に、熊野詣が深くかかわっていることはよく知られている。

平地の滝　先に述べたように、金剛心院境内の東側には、西を向いた滝がつくられていた。滝石組の石材はほとんど後世に抜きとられてしまったが、とり残された石材や据え付け穴などから、往時の様子をある程度復元できた。

滝石組の水落部分は、上下二段に構築されていた。上段の滝口部の石は抜きとられていたが、下段の水落石は遺存しており、滝の落差が一メートル以上に及ぶことが確認できた。平野部に落差一メートルの滝を設けることができたのは、滝口部の標高と池の水位との高低差を利用したからである。当時の測量技術の確かさをうかがい知ることができる。

水落石に用いられていた石材はチャートで、重量は約二七〇〇キロと、今までの発掘調査で確認した景石のなかで最大であった。待賢門院の指示による法金剛院《ほうこんごういん》境内（**図50参照**）の「青《せい》女《じょ》の滝」の滝石組より落差は低いものの、遺構の規模や意匠は劣るものではない。

池に浮かぶさまざまな島　島は北殿御所や勝光明院阿弥陀堂周辺部、さらに安楽寿院境内で確認しているが、構築工法や形態はそれぞれ異なる。

北殿御所の南、阿弥陀堂の東側に位置する島は、池を掘るときに島の下部には建物と同様の地業を施し、陸部の盛上げ部分は版築によって構築している。そして景石は、版築と並行して据え付けている。

この島は造営中に、地鎮がなされたようで、地業内から重ね合わされた土師器の皿と一緒に、「百」「千」の文字が書かれた銭貨状の金属板が出土している。作庭にともなう地鎮祭祀であり、類例のほとんどない貴重な発見である。

阿弥陀堂南東方の例は、池を埋め立てて構築したものである。埋め立ては、一メートル前後の自然石（花崗岩）を池底へ環状に固定したのちに、内部を砂礫で埋め、さらにその上部を砂質でおおっている。その際に、景石を据え付ける方法を採用している。

安楽寿院境内の中島（出島）は、池を掘り下げるときに島の形態に合わせて地盤を掘り残している。陸部の盛土はほとんどなされておらず、高さの低い中島であった。こうした工法の採用は、この地の地盤が砂質土で、しかもはげしい湧水に対応するためと考える。
以上のように、離宮内の島は、造営場所の環境にもっとも適した工法が採用された。また、災いが起こらないための祈りも怠らなかったようである。

鴨川右岸の運河

平安時代の鴨川は離宮の東を南へ流れていたが、安楽寿院の東方にさしかかると、南西へと流れを大きく変えていた。安楽寿院境内の東南から、鴨川右岸に平行して幅六・三〜六・五メートル、深さ一・三〜一・五メートルの河川があった。この河川は自然地形にまったく影響されることなく、鴨川と平行にまっすぐ流れていた。こうした状況からみて、自然流路でなく、人為的な河川である。

さらに言えば、船による水運を目的に開削された運河と推定される。すなわち、離宮の周辺部に位置していた港（津）から東殿・安楽寿院への物資輸送を視野に入れたものであろう。運河による水運を計画したのは、東殿の充実をおし進めた鳥羽上皇であったと考える。津から運ばれた物資は、安楽寿院境内の北、東殿御所の一角に設けられていた施設に納められたものと想像する。

図47 ● 運河の跡

運河出土の遺物からみた離宮周辺部の様子

この運河では、平安時代後期から鎌倉時代にかけての土器・瓦・木製品・金属製品などが多数発見された。木製品には木沓《きぐつ》や黒漆塗の椀や皿・蓋がある。さらに、帯金具など庶民生活にまったく無縁なものも含まれ、これらの遺物は運河上流の東殿や安楽寿院などで投棄されたと思われる。

こうした遺物とともに、調査者を驚かす発見があった。それは運河の底部から二体以上の成人骨が点々とみつかったことである（図48）。人骨の保存状態は、周囲の水質のためかきわめて良好で、鼻骨などが観察された。人骨の周辺部からは、「南無帰依佛　南無帰依法」、裏面に「建仁三四十八得阿弥陀佛」と墨書された板が出土している。「建仁三四十八」の墨書は、「建仁三年四月十八日」と解される。ここに投棄された死者を追善供養したときのものであろう。建仁三年は西暦一二〇三年にあたり、後鳥羽上皇の治世であった。

これらは、離宮の衰退がはじまったことを物語っていると考える。発見された遺骨はこの付近で暮らしていた人びとのもので、なんらかの理由で数名が一度に落命したと想像する。この光景はまさに『餓鬼草紙《がきそうし》』の一場面を思わせる。

図48 ● 運河出土の人骨
図47の運河からは複数の成人骨が、あるところでは折り重なるように、またある場所では点々と発見された。

鳥羽遺跡の発見

離宮跡の発掘調査を毎年進めていくなかで、離宮造営以前の遺物も各所で発見されたが、それにともなう遺構は、なかなかみつからなかった。

しかしながら、一九七八年に勝光明院経蔵の東方で実施した第三九次発掘調査で、離宮造営の整地層の下層からついに明確な遺構を明らかにした。このとき調査した遺構は、カマドの付いた古墳時代後期の竪穴住居址であった。これ以降、金剛心院の周辺部調査では、縄文時代晩期の土坑や古墳時代の土坑墓、さらに埴輪をもつ古墳などの遺構や遺物が良好な状態でつぎつぎに発見された。

さらに東殿御所の西北部では、弥生時代中期を中心とする遺構から、多量の土器や石器、さらに木製品などが出土した。加えて、白河天皇陵北側からは、人物埴輪や家形埴輪などの形象埴輪なども出土した。

このようにして、鳥羽離宮跡の下層には、離宮とはまったく性格の異なる遺跡が存在することが確実になった。そのため、旧鴨川右岸に位置する縄文時代から平安時代中ごろまでの遺跡を現在「鳥羽遺跡」とし、「鳥羽離宮跡」とは区別している。

離宮造営者は、この地がきわめて安定した場所であることを知っていたようである。

第４章　同時代の寺院や御所

白河天皇が離宮造営に着手したのは、譲位のおおむね半年ほど前であったが、造営計画はそれ以前から密かに進められていたのであろう。堀河天皇への譲位は一〇八六年一一月、離宮へ初めて移ったのは翌年の二月であった。着手から約七、八カ月、譲位からわずか三カ月ほどの短期間で、南殿御所や周囲の庭園などの整備、加えて政務に必要な諸施設が設置されたのである。

上皇は目まぐるしい勢いで南殿御所へ移ったが、院御所である離宮には長くはとどまらなかったようである。上皇になってからも、常の御所は平安京内に点在する院御所が中心であった。たとえば三条東殿、六条殿（中院）、大炊殿《おおいどの》、高松殿、土御門《つちみかど》殿や京外の白河北殿、南殿などである。これらの院御所には、それぞれ風情をこらした庭園が設けられていた。

鳥羽上皇も白河上皇と同様、離宮を院御所として積極的に使用したり政務を執りおこなったりすることはなかった。離宮は院御所として成立したが、白河・鳥羽両上皇の院政実務をとり扱うための中核的な院御所ではなく、現世における浄土世界となっていったのである。

一〇八六年一一月、白河天皇の譲位をうけて、堀河天皇は堀河院で践祚したが、即位後も堀河院を里内裏として使用している。この堀河院は、一時期、白河天皇も里内裏とした。

第1章で述べたように、院政期には鳥羽離宮以外でも、白河地域や平安京内などで寺院や御所の造営が相ついでおこなわれた。そのなかから、新たな成果が得られた発掘調査を概観してみよう。

法勝寺

法勝寺や六勝寺が造営された白河は、藤原氏累代の別業が営まれていた地で、平安宮南辺を東西に通る二条大路末の東端部に位置する。白河には、平安京と同じような碁盤目状の土地区画がされたと考えられているが、その詳細は明らかでない。

法勝寺には、金堂・阿弥陀堂・八角九重塔・常行堂などが造営された（図2参照）。金堂は一〇八三年（永保三）に供養されたが、基壇跡の一部は現在も地上に露出しており、旧状をしのぶことができる。また、八角九重塔の基壇も終戦直後まで保存されていたが、戦後、米軍により破壊されてしまった。

金堂の調査では、基壇構築土や礎石根固め石、地覆石《じふくいし》などが確認されている。基壇は、それまでの造営ではまったくみられなかった工法でつくられていた。基壇東面では、東軒廊の礎石根固め石や雨落ち溝なども検出している。このほか、阿弥陀堂の基壇痕跡も判明している。

一〇八三年に造営された高さ約八一メートルの八角九重塔の調査では、巨大な塔を支えるための堅固な基礎地業が明らかになった。この塔は、史料から中島に建設されたことが知られていたが、その記述が誤りでないことも確認されている。

塔跡は京都市動物園のほぼ中央部に位置し、動物園が一望できる観覧車がその上に設けられている。法勝寺の金堂や塔の基壇構築には、いままでみられなかった新しい工法が採用されていた。ここで生みだされた土木技術がなければ、鳥羽離宮の寺院建立は完成しなかったといっても過言ではない。

法金剛院

一一二九年（大治四）、待賢門院は双ヶ岡の東側、平安京北西の京外で法金剛院の造営を開始した。同じころ鳥羽離宮では、勝光明院阿弥陀堂の建設が鋭意進められていた。一一三〇年（大治五）、法金剛院の東御所と阿弥陀堂が完成し、開眼供養がおこなわれた。造営はその後も継続され最盛期の寺域は、東西二町（二一〇メートル）・南北三町（四二〇メ

図49 ● 法勝寺九重塔跡の発掘調査
観覧車は塔基壇跡のほぼ中央部にあたり、
右下の白い粒は地業の河原石である。

ートル）にも及んだ。

寺域の中央部には池を掘り、池東岸には東御所、西岸には阿弥陀堂・三重塔・経蔵、南岸には築山と南御堂（九体阿弥陀堂）が配置された。そして、寺域の北側には五位山とよばれた小高い山があり、その南斜面には落差四メートルほどの滝がつくられた。この滝を現在の姿に改修させたのは、法金剛院を発願した待賢門院である。現在、この滝は「青女の滝」とよばれているが、名付け親は知られていない。

正門は中御門大路と西京極大路が交わる位置に建てられ、東御門とよばれた。門を入った北側には、東御所が造営された。東御所の調査では、中門・中門廊・塀などの建物や中門廊を入った西には景石を配した遺水が発見されている。中門や中門廊、それを入ったところの遺水など、寝殿造の特徴を示すこれら

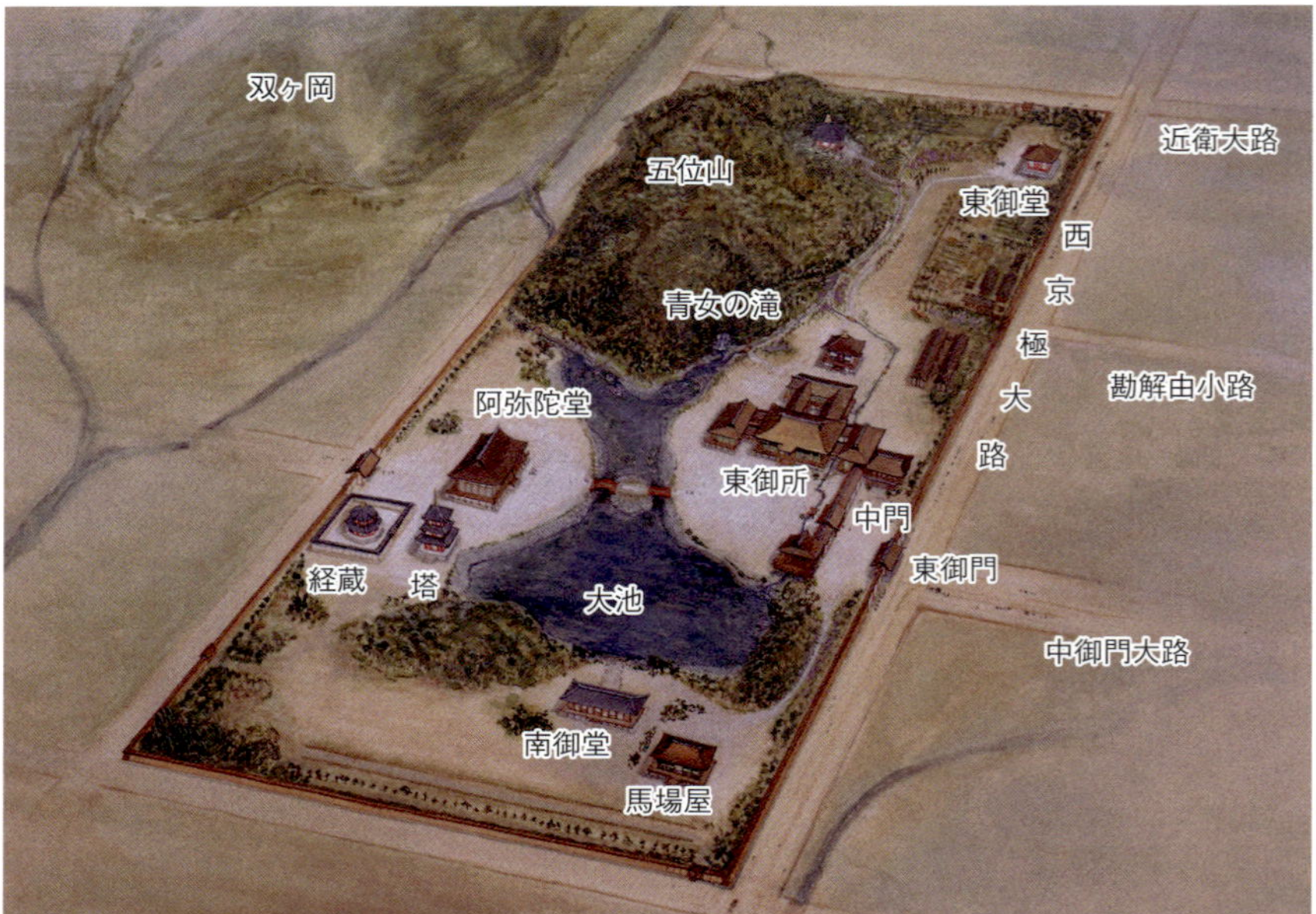

図50 ● 法金剛院の復元鳥瞰図（南東より）
法金剛院の東御所はJR花園駅前の広場で発見された。境内の中央部には、安楽寿院と同じように大きな園池を設けていた。

の遺構は、法金剛院以外にはいまだに発見されていない。東御所跡はＪＲ花園駅前の広場として保存されている。なお、法金剛院を鳥羽離宮の雛形とする説もあるが、それは適当でない。

堀河院

堀河院は、白河・堀河両天皇が一時期里内裏とした邸宅で、平安京左京三条二坊に位置した。そこは、世界文化遺産に指定されている二条城の東側にあたる。邸宅は、南北二町（二五二メートル）・東西一町（一二〇メートル）の規模で、発掘調査では北側一町の北半部が建物（寝殿造）、それより南側の一帯は園池であったことが明らかになっている。そして、池の東北岸では、落差一メートル弱の滝（瀬）が設けられていた。ところが、敷地の南側の池は急勾配の汀で、水深も深い。堀河院の庭園は園池を中心としていたが、意匠は北と南側で大きく変化させていたのである。

法住寺殿

一一六一年（応保元）、後白河上皇は平安京の南東、鴨川を隔てた七条大路末に法住寺殿（南殿）を造営した。法住寺殿の一角に、平清盛は蓮華王院《れんげおういん》三十三間堂を造進した。この蓮華王院三十三間堂には一〇〇一体の千手観音と二十八部衆の諸仏が安置され、観音浄土を具現化しことはあまりにも有名である。二〇一八年、建物と安置されている諸仏はすべて国宝に指定された。

一一七三年（承安三）、法住寺殿の南側に、勝光明院阿弥陀堂と同じように宇治平等院鳳凰堂を模した最勝光院が建立された。東山から鴨川へとゆるやかに傾斜する立地であるにもかかわらず、法住寺殿や最勝光院には船が往来できる池を設けたことが確認されている。加えて、最勝光院の一角から、鳥羽離宮と同様の大規模な地業や飾金具などが発見されている。鳥羽離宮の造営をかなえた土木技術は、鳥羽上皇から後白河上皇へと継承されたことがわかる。

法住寺殿 最勝光院出土の飾金具

図51 ● 法住寺殿出土遺物（上）**と法住寺殿および一帯の復元模型**（下）
後白河上皇は、大規模造営に不向きな傾斜地に院御所や寺院を完成させた。それを可能にしたのは、白河・鳥羽上皇がおし進めた土木工事で培われた技術であった。

第５章　復元された鳥羽離宮

離宮の復元案

一九九四年、平安京建都千二百年の記念事業として、平安京の再現模型が千分の一縮尺で制作された。それに加えて、鳥羽離宮や白河地区の模型も同縮尺で作成された。

離宮の模型は一二世紀中ごろの最盛期を再現したもので、離宮の北東から南西にかけて鴨川が、北西から南東には桂川が流れ、そのほぼ中央部に離宮の殿舎の建物や庭園、離宮内に敷設された道路なども復元されている。さらに、平安京と離宮間をむすぶ鳥羽作道や、離宮から山崎駅への道路である久我畷《こがなわて》も表現されている（**図5参照**）。

そうした復元のなかでひときわ存在感を誇るのが、鴨川右岸の巨大な池である。その状況は『扶桑略記』の記述内容を髣髴とさせる表現となっている。この大きな池は、鴨川の流れと微妙につながり、鴨川の流れと一部一体化していた。

では、いつごろから模型にあるような、鴨川と離宮内の池（園池）とが一体化したイメージに復元されるようになったのであろうか。

先行研究を概観すると、池と鴨川が一体化した最初の案は村山修一と考えられる（図52①）。福山敏男も村山とほぼ同様の復元案を発表している（図52②）。それから数十年後に杉山信三が発表した案は完全に園池と鴨川がつながり、鴨川の水流と池の水が混じり合う復元となっている（図52③）。平安京建都千二百年の模型は、その関係を少し弱めた表現に仕上げられているが、基本的には同様な状況である。

筆者も、杉山信三による復元図以降、私案を発表した。そこで表現した離宮の池は、鴨川と完全に独立した状況に描いた（図52④）。その理由は、一九八〇年に発見した玉石を多用した遺構は、建物や大規模造成の地業であること、旧鴨川右岸で鴨川に並行する運河や古墳時代の集落が明らかとなり、離宮の池は独立していたことが確定したためである。

保存された南殿跡と田中殿跡

離宮の発掘調査は、第一次調査の開始から半世紀が経過し、調査次数も一五〇次におよんでいる。その間の調査で、離宮に関する膨大な情報がもたらされたが、平安京や周辺部の遺跡調査と同じように、記録保存を目的としたものであるため、調査が終了すると遺跡は消滅した。

そうした状況のもと、「秋の山」を含めた南殿御所と田中殿御所周辺部は、開発の荒波から守られて保存が図られ、公園として活用されている。保存された陰には、行政関係者の尽力と杉山信三の努力があったことを忘れてはならない。

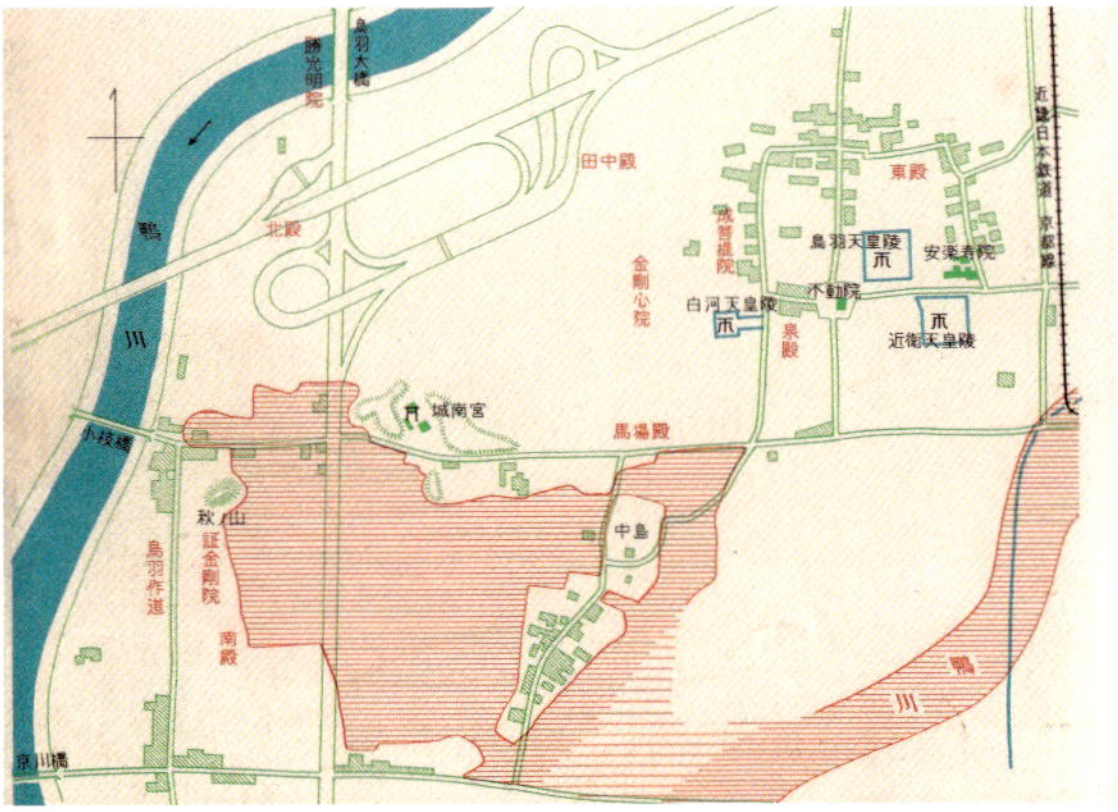

②福山案

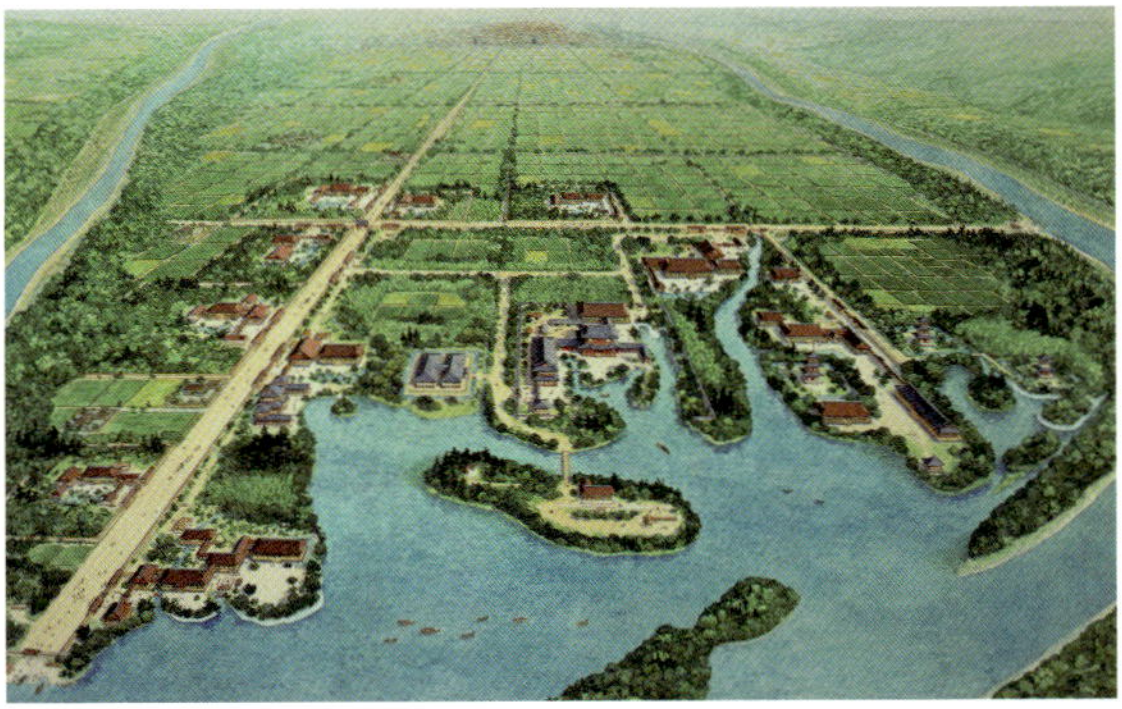

③杉山案

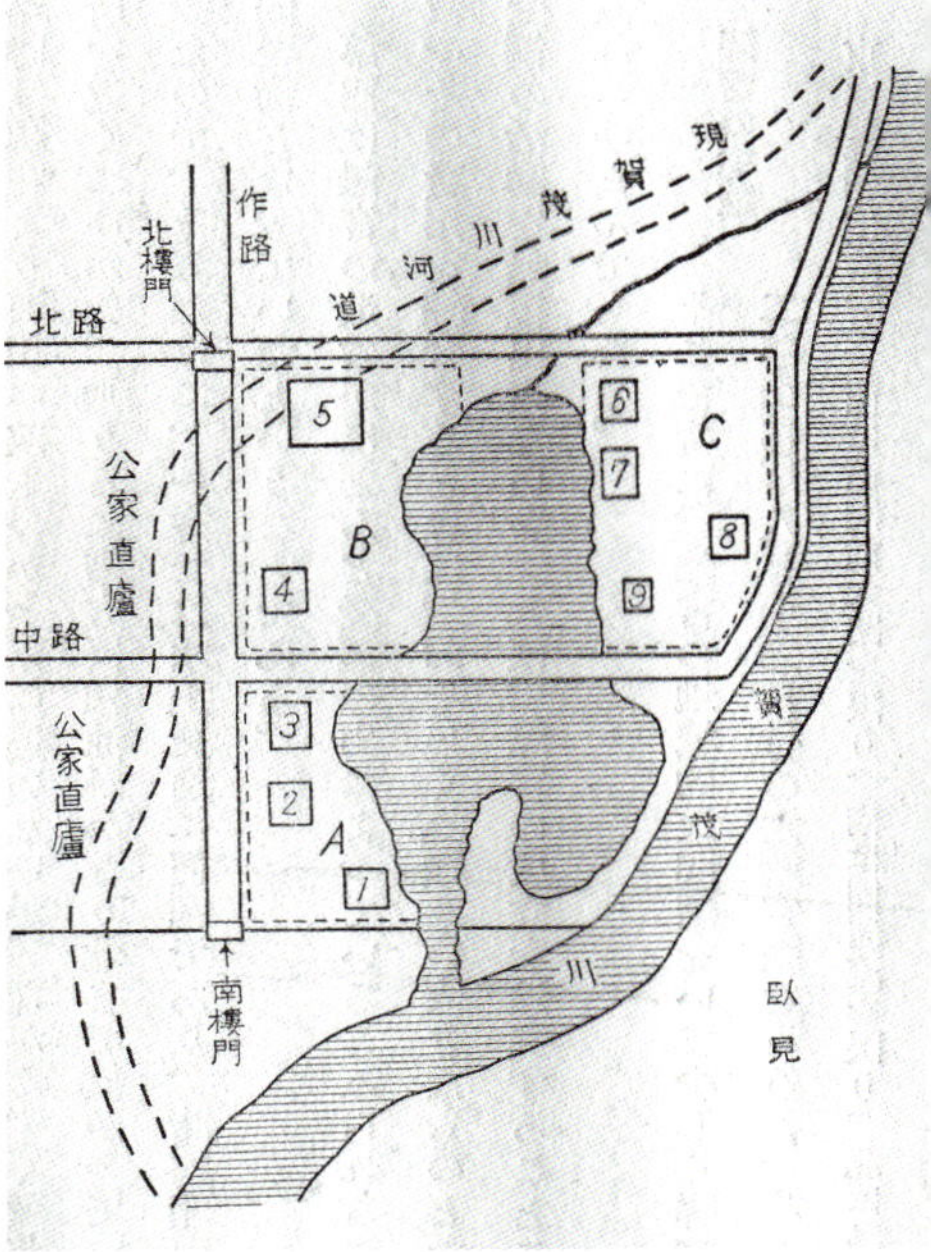

A. 南殿地区　B. 北殿地区　C. 東殿地区
1. 証金剛院　2. 馬場殿　3. 金剛心院　4. 田中御所
5. 勝光妙院　6. 泉殿　7. 成菩提院　8. 本御塔
9. 不動堂
（小さな点線は南殿、北殿、東殿の大体の区域を示す）

①村山案

④鈴木案

図52 ● 鳥羽離宮の復元案

本書は、先輩諸氏の調査成果や一九七六年一一月に設立された現公益財団法人京都市埋蔵文化財研究所が実施した成果を概観したものである。しかしながら、東殿御所・旧安楽寿院境内跡を南北に縦断した新堀川通の調査成果にはほとんど触れていない。鳥羽離宮跡の詳細な情報を知りたい方は、『平安京提要』の「鳥羽殿」に記した調査報告をご覧いただきたい。

参考文献

森　蘊　一九三八「鳥羽殿庭園考」『造園雑誌』第五五号第二〇号
森　蘊　一九五九「鳥羽殿遺跡の調査概報」『名神高速道路線地域内埋蔵文化財調査報告』京都府教育委員会
森　蘊　一九八六「鳥羽離宮庭園跡」『「作庭記」の世界』ＮＨＫブックス
杉山信三　一九六二「鳥羽田中殿跡発掘調査」『院の御所と御堂―院家建築の研究―』奈良国立文化財研究所
杉山信三　一九八一『院家建築の研究』吉川弘文館
杉山信三　一九八二「一二世紀末の鳥羽離宮」『週刊朝日百科　日本の歴史六五　院政時代』朝日新聞社
杉山信三　一九九〇「鳥羽離宮の苑池」『発掘された古代の苑池』橿原考古学研究所編　学生社
杉山信三　一九九三「鳥羽離宮」『よみがえった平安京』人文書院
鈴木久男　一九九四「院政期の離宮」『図説 京都府の歴史』河出書房新社
福山敏男　一九六四「平等院と都の寺―推定復原―」『平等院と中尊寺』平凡社
前田義明他　二〇〇二『鳥羽離宮Ⅰ―金剛心院跡の調査』財団法人京都市埋蔵文化財研究所
村山修一　一九五七「鳥羽離宮」『平安京』至文堂
長宗繁一・鈴木久男　一九九四「鳥羽殿」『平安京提要』古代学協会・古代学研究所編　角川書店

鳥羽離宮跡公園

・京都市伏見区中島ほか
・交通　近鉄・地下鉄竹田駅下車、南改札口西側から南西へ徒歩30分

鳥羽離宮跡公園は南殿御所跡を公園にしたもので、公園の北側にある小山は「秋の山」とよばれている築山である。公園の東方には馬場殿と関係深い城南宮がある。

鳥羽離宮跡公園

安楽寿院と周辺部

・京都市伏見区竹田中内畑町七四ほか
・交通　鳥羽離宮に同じ、南西へ徒歩15分

安楽寿院境内は近衛天皇陵と鳥羽天皇陵に隣接し、大変静寂である。境内の収蔵庫の周りには、鳥羽離宮の発掘調査で発見された景石が調査当時の姿に再現されている。また、鳥羽天皇陵の北側には、重要文化財に指定されている鎌倉時代の五輪塔や、白河天皇陵周辺部から発見されたとされる凝灰岩の三尊仏などがある。境内の西隣には、鳥羽上皇ゆかりの北向山不動院や白河天皇陵などがある。

安楽寿院

法金剛院

・京都市右京区花園扇野町ほか
・交通　JR花園駅下車徒歩5分

平安時代の法金剛院境内は現在よりも広く、JR花園駅は境内に造営された東御所跡に位置している。現在の法金剛院は旧境内地の北半部にあたり、池の北側の五位山南麓には「青女の滝」とよばれる高さ約四メートルほどの滝がある。境内西側の収蔵庫には、待賢門院ゆかりの阿弥陀如来像を安置する。

法勝寺跡

・京都市左京区岡崎法勝寺町ほか
・交通　京都市バス動物園前下車すぐ

法勝寺は、京都市動物園およびその北側の住宅地に位置していた。動物園の北側の二条通りに面した高さ三メートル、東西二〇メートルの高台は、法勝寺金堂基壇跡である。

遺跡には感動がある

——シリーズ「遺跡を学ぶ」刊行にあたって——

「遺跡には感動がある」。これが本企画のキーワードです。

あらためていうまでもなく、専門の研究者にとっては遺跡の発掘こそ考古学の基礎をなす基本的な手段です。また、はじめて考古学を学ぶ若い学生や一般の人びとにとって「遺跡は教室」です。

日本考古学では、もうかなり長期間にわたって、発掘・発見ブームが続いています。そして、毎年厖大な数の発掘調査報告書が、主として開発のための事前発掘を担当する埋蔵文化財行政機関や地方自治体などによって刊行されています。そこには専門研究者でさえ完全には把握できないほどの情報や記録が満ちあふれています。しかし、その遺跡の発掘によってどんな学問的成果が得られたのか、その遺跡やそこから出た文化財が古い時代の歴史を知るためにいかなる意義をもつのかなどといった点を、莫大な記述・記録の中から読みとることははなはだ困難です。ましてや、考古学に関心をもつ一般の社会人にとっては、刊行部数が少なく、数があっても高価なその報告書を手にすることすら、ほとんど困難といってよい状況です。

いま日本考古学は過多ともいえる資料と情報量の中で、考古学とはどんな学問か、また遺跡の発掘から何を求め、何を明らかにすべきかといった「哲学」と「指針」が必要な時期にいたっていると認識します。

本企画は「遺跡には感動がある」をキーワードとして、発掘の原点から考古学の本質を問い続ける試みとして、日本考古学が存続する限り、永く継続すべき企画と決意しています。いまや、考古学にすべての人びとの感動を引きつけることが、日本考古学の存立基盤を固めるために、欠かせない努力目標の一つです。必ずや研究者のみならず、多くの市民の共感をいただけるものと信じて疑いません。

二〇〇四年一月

戸沢充則

著者紹介

鈴木久男（すずき・ひさお）

1951年、愛知県生まれ。

奈良大学史学科卒業後、財団法人京都市埋蔵文化財研究所に勤務。鳥羽離宮跡や平安京跡の調査に従事。2017年から京都産業大学客員教授。

主な著書　『平安京の地域形成』（京都大学出版・共編著）ほか。

写真提供（所蔵）
京都市歴史資料館：図2・5・8・51下／公益財団法人京都市埋蔵文化財研究所：図7・19・21・22・24・26上・27・30・32・34〜36・38〜43・46〜51上／安楽寿院：図9・10・44／杉山信三1962：図15／京都府『埋蔵文化財発掘調査概報』1969：図29

図版出典・参考（一部改変）
図3・14・17・18・20・23・28・31・33：公益財団法人京都市埋蔵文化財研究所／図4：国土地理院20万分の1地勢図「京都及大阪」／図6：『京都市埋蔵文化財年次報告』1972／図12：森蘊1959／図13：国土地理院1万分の1地形図「伏見」「長岡京」・公益財団法人京都市埋蔵文化財研究所／図16：京都府『埋蔵文化財発掘調査概報』1966／図52：①村山1957・②福山1964・③中西立太画・④鈴木1994

上記以外は著者

シリーズ「遺跡を学ぶ」131
平安末期の広大な浄土世界　鳥羽離宮跡《とばりきゅうあと》

2018年11月15日　第1版第1刷発行

著　者＝鈴木久男
発行者＝株式会社　新　泉　社
東京都文京区本郷2−5−12
TEL 03（3815）1662／FAX 03（3815）1422
印刷／三秀舎　製本／榎本製本

ISBN978−4−7877−1931−7　C1021

シリーズ「遺跡を学ぶ」

第1ステージ（各1500円＋税）

13 古代祭祀とシルクロードの終着地　沖ノ島　弓場紀知
20 大仏造立の都　紫香楽宮　小笠原好彦
40 中世瀬戸内の港町　草戸千軒町遺跡　鈴木康之
44 東山道の峠の祭祀　神坂峠遺跡　市澤英利
52 鎮護国家の大伽藍　武蔵国分寺　福田信夫
58 伊勢神宮に仕える皇女　斎宮跡　駒田利治
61 中世日本最大の貿易都市　博多遺跡群　大庭康時
66 古代東北統治の拠点　多賀城　進藤秋輝
72 鎌倉幕府草創の地　伊豆韮山の中世遺跡群　池谷初恵
76 遠の朝廷　大宰府　杉原敏之
82 古代東国仏教の中心寺院　下野薬師寺　須田　勉
85 奇偉荘厳の白鳳寺院　山田寺　箱崎和久

第2ステージ（各1600円＋税）

101 北のつわものの都　平泉　八重樫忠郎
112 平城京を飾った瓦　奈良山瓦窯群　石井清司
116 よみがえる金堂壁画　上淀廃寺　中原　斉
122 石鍋が語る中世　ホゲット石鍋製作遺跡　松尾秀昭